CD-Rでアレンジ自在 ホームルーム活動ワークシート

梅澤 秀監 編著

はしがき

　本書は、『すぐ使える配れるホームルーム指導ワークシート』(1988年1月20日初版)の改訂版として作成しました。

　2019年3月30日に告示された高等学校学習指導要領では、「社会参画」「自治的能力の育成」「特別活動を要としたキャリア教育の充実」「防災を含む安全教育や体験活動」等を通じて、社会の中で求められる資質・能力の育成が期待されています。

　これらの資質・能力を育成するためには、これまで以上に充実したホームルーム活動を展開することが重要です。

　今回も、東京都高等学校特別活動研究会（略称：都高特活）ホームルーム活動部会に所属する教員の有志を中心に、進路指導の研究・実践に優れた先生方にも加わっていただき、改訂作業を行いました。書名も『CD-Rでアレンジ自在　ホームルーム活動ワークシート』に変更し、充実したホームルーム活動を行う際に活用できるワークシートを多数用意しました。

　さらに、ワークシートのデータがそのままパックされたCD-ROMを添付しましたので、先生方が自由に手直しをして使うことが可能になりました。

　本書を活用していただければ幸いです。

2019年11月
梅澤秀監

見開きで1つの活動になっています。
左ページに解説、右ページに
ワークシートという構成です。

解説ページ

カテゴリ
章ごとに7つの分野に分けられています。

タイトル
この活動のタイトルです。

ねらい
活動のねらいです。

準備
事前に用意しておくものや
生徒に予告しておくべきことです。

展開
活動の流れです。
左の「10分」などはめやすです。

ポイント
活動を行う上で教師が
注意するべきことなど、
実施する上でのアドバイスです。

アレンジ
応用のヒントです。

使用学年／時期／時間／リンク
活動にあたってのめやすです。
必ずしもその学年・時期に行う必要はありません。

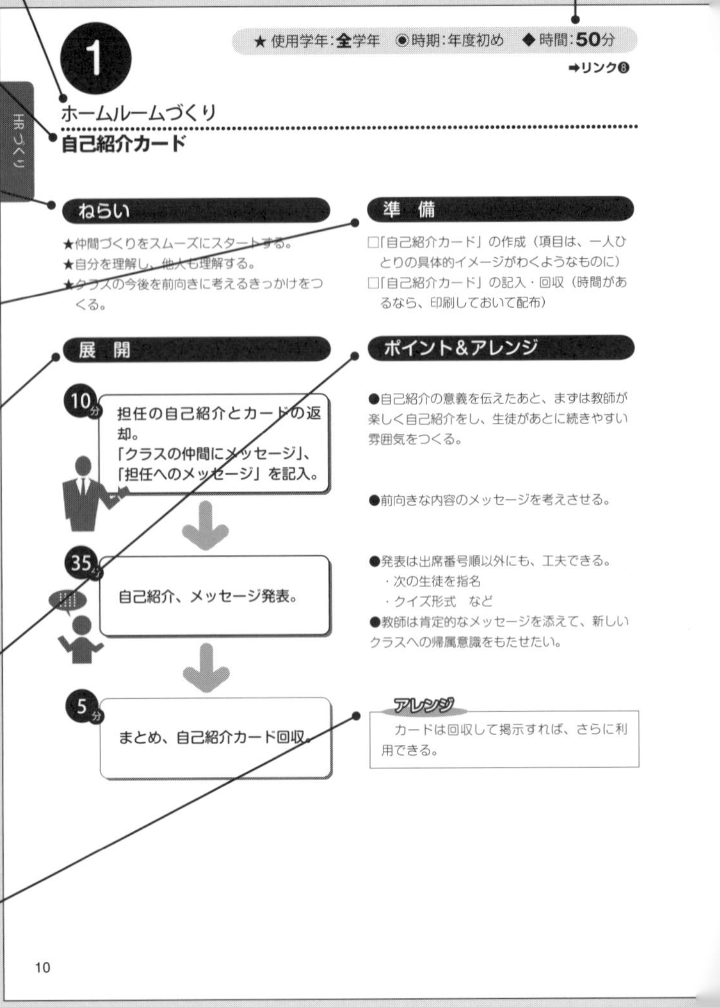

---

1 ホームルームづくり
自己紹介カード

★使用学年：**全学年** ◎時期：年度初め ◆時間：**50分**
→リンク❸

ねらい
★仲間づくりをスムーズにスタートする。
★自分を理解し、他人も理解する。
★クラスの今後を前向きに考えるきっかけをつくる。

準備
□「自己紹介カード」の作成（項目は、一人ひとりの具体的イメージがわくようなものに）
□「自己紹介カード」の記入・回収（時間があるなら、印刷しておいて配布）

展開

10分：担任の自己紹介とカードの返却。「クラスの仲間にメッセージ」、「担任へのメッセージ」を記入。

35分：自己紹介、メッセージ発表。

5分：まとめ、自己紹介カード回収。

ポイント＆アレンジ

●自己紹介の意義を伝えたあと、まずは教師が楽しく自己紹介をし、生徒があとに続きやすい雰囲気をつくる。

●前向きな内容のメッセージを考えさせる。

●発表は出席番号順以外にも、工夫できる。
・次の生徒を指名
・クイズ形式　など

●教師は肯定的なメッセージを添えて、新しいクラスへの帰属意識をもたせたい。

アレンジ
カードは回収して掲示すれば、さらに利用できる。

本書のご利用にあたって

・本書に掲載されている資料、CD-ROM収録データは自由にアレンジやコピーをしてお使いいただけますが、著作権法により、学校・学級経営で使用する以外の目的で無断で複製、転載、第三者への譲渡、販売、頒布（インターネットなどを通じた提供も含む）、貸与および再使用することは禁じられています。

・本書中に登場するハードウェア、OS、ソフト名などは、各メーカーの商標または登録商標です。

・CD-ROMの取扱には注意してください。強い力を加えたり、折り曲げたり、裏面に指紋や傷をつけたりすると使用できなくなるおそれがあります。

ワークシートページ

<使い方>
①このままコピーして使えます。
※ A4にするには、144％で拡大コピーします。

② CD-ROMのデータを開き、文字などを変更して使うこともできます。

※変更を保存するには、別名で保存するか CD-ROM から一度パソコン上にコピーしプロパティの「読み取り専用」を解除します。

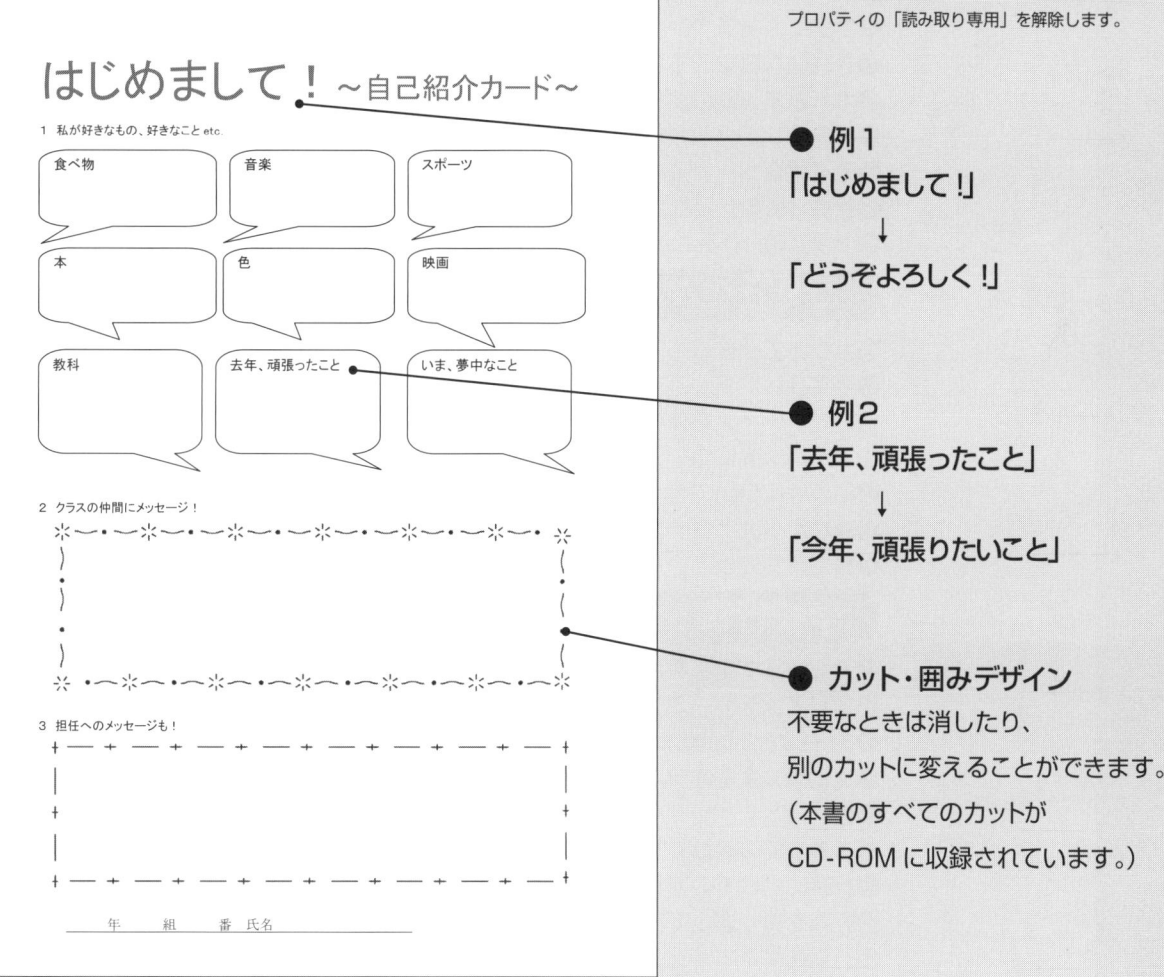

● 例1
「はじめまして！」
↓
「どうぞよろしく！」

● 例2
「去年、頑張ったこと」
↓
「今年、頑張りたいこと」

● カット・囲みデザイン
不要なときは消したり、別のカットに変えることができます。
（本書のすべてのカットが CD-ROM に収録されています。）

動作環境
【パソコン】Microsoft Windows98 以上が動作するパソコン（Pentium2　266MHz 以上）
　　　　　Machintosh　OS9 以上が動作するパソコン　Mac office2001 以上のバージョン
【メモリ】64MB 以上
【ディスプレイ】解像度 800 × 600 ピクセル以上
【CD-ROM ドライブ】附属の CD-ROM を実行するには CD-ROM の再生が可能な光学ドライブが必要です。
【ハードディスク】CD-ROM データをハードディスクに保存する場合は、その分の空き容量が必要です。

はしがき……………………………………………… 3
本書の見方・使い方………………………………… 4

もくじ

ホームルームづくり
❶ 自己紹介カード…………………………………… 10
❷ 名前でビンゴ！…………………………………… 12
❸ ホームルーム目標を決めよう＆振り返ろう……… 14
❹ 委員・係希望アンケート………………………… 16
❺ きれいな教室にするための点検シート………… 18
❻ ホームルームの実態調査………………………… 20
❼ クラスレクの取り組み…………………………… 22
❽ 他己紹介カード…………………………………… 24
❾ 委員・係の仕事を内と外から点検しよう……… 26
❿ クラスの10大ニュース…………………………… 28

コミュニケーション
⓫ 宝物あてゲーム…………………………………… 32
⓬ 爆笑リレーゲーム………………………………… 34
⓭ ボランティアを体験してみよう………………… 36
⓮ アルバイトについて語り合おう………………… 38
⓯ いじめについて考えよう………………………… 40
⓰ あなたへメッセージ……………………………… 42
⓱ 私だけが知っている No.1 ……………………… 44

学校行事
⓲ 温故知新で企画を盛り上げる！………………… 48
⓳ ブレインストーミングで話し合い……………… 50
⓴ チームでプレゼン準備をしよう………………… 52
㉑ 文化祭の企画をディベートしよう……………… 54
㉒ 係分担とスケジュールを決めよう……………… 58
㉓ これまでの活動を見直そう……………………… 60
㉔ 行事に向けての目標と達成度…………………… 62
㉕ 行事を振り返って………………………………… 64
㉖ 行事を終えてメッセージ交換…………………… 66

学　習
㉗ 授業態度チェックシート………………………… 70
㉘ 不得意科目を克服！……………………………… 72
㉙ １週間の家庭学習を点検してみよう…………… 74
㉚ 学習時間記録シート……………………………… 76
㉛ 定期考査に備えて情報交換……………………… 78
㉜ 定期考査の進度チェック表……………………… 80
㉝ 定期考査の振り返り……………………………… 82
㉞ 受験する学校について調べよう………………… 84

生　活

㉟学校生活マニアッククイズ……88
㊱生活チェックシート……90
㊲24 時間をどうやって使うか？……92
㊳遅刻に関するアンケート……94
㊴夏休みの生活プラン……96
㊵夏休みを振り返って……98
㊶薬物について調べてみよう……100
㊷アルバイトのメリット・デメリット……102
㊸未成年はなぜタバコを吸えないの？……104
㊹お互いに気持ち良く生活するために……106

進路・キャリア

㊺働く目的って何だろう？……110
㊻自分の適性を知ろう……112
㊼将来に関するアンケート……114
㊽自分史を作ろう……116
㊾10 年後の自分に手紙を書こう……118
㊿My 人生すごろくを作ってみよう……120
(51)他人から見た私……122
(52)いまの自分を総合的に分析……124
(53)オープンキャンパスレポート……126
(54)社会人に必要な要素を相互チェック！……128

保護者会・面談

(55)保護者会「こんにちは」シート……132
(56)面談事前アンケート（保護者用）……134
(57)面談事前アンケート（生徒用）……138

コラム

席の配置アラカルト……30
文化祭企画アイデア集①……46
文化祭企画アイデア集②……68
話し合いの種類……86
話し合いの基本……108
HR 通信ワンポイント①……130
HR 通信ワンポイント②……137

索引

（学年／時期別）……141

ホームルームをつくる

高校生活の基本の場は、「ホームルーム」です。ここをベースにして、生活、学習、行事など、さまざまな活動が展開されます。充実したホームルーム活動が行われるためには、生徒がお互いを理解・尊重しながら、楽しく学校生活を送ることが重要です。
そのために必要な「出会い」「ルール・組織づくり」「クラスレク」などの、ホームルームづくりに不可欠なワークシートを作りました。

ホームルームづくり
自己紹介カード

★ 使用学年：**全**学年　　●時期：年度初め　　◆時間：**50**分

➡リンク❽

ねらい

★仲間づくりをスムーズにスタートする。
★自分を理解し、他人も理解する。
★クラスの今後を前向きに考えるきっかけをつくる。

準　備

□「自己紹介カード」の作成（項目は、一人ひとりの具体的イメージがわくようなものに）
□「自己紹介カード」の記入・回収（時間があるなら、印刷しておいて配布）

展　開

10分　担任の自己紹介とカードの返却。
「クラスの仲間にメッセージ」、「担任へのメッセージ」を記入。

↓

35分　自己紹介、メッセージ発表。

↓

5分　まとめ、自己紹介カード回収。

ポイント＆アレンジ

●自己紹介の意義を伝えたあと、まずは教師が楽しく自己紹介をし、生徒があとに続きやすい雰囲気をつくる。

●前向きな内容のメッセージを考えさせる。

●発表は出席番号順以外にも、工夫できる。
　・次の生徒を指名
　・クイズ形式　など
●教師は肯定的なメッセージを添えて、新しいクラスへの帰属意識をもたせたい。

アレンジ
カードは回収して掲示すれば、さらに利用できる。

はじめまして！ ～自己紹介カード～

1 私が好きなもの、好きなこと etc.

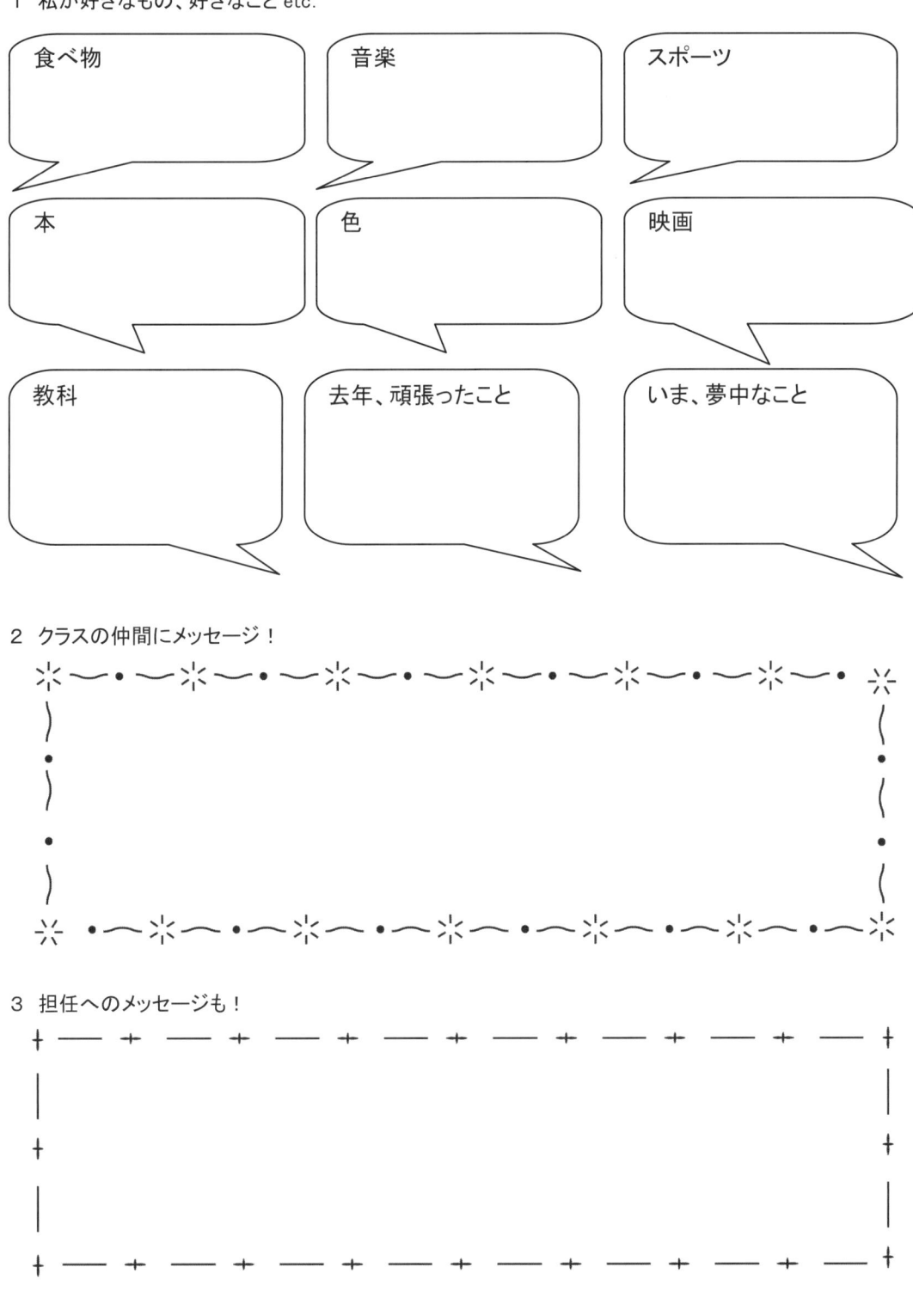

| 食べ物 | 音楽 | スポーツ |

| 本 | 色 | 映画 |

| 教科 | 去年、頑張ったこと | いま、夢中なこと |

2 クラスの仲間にメッセージ！

3 担任へのメッセージも！

年　　　組　　　番　氏名

HRづくり

★ 使用学年：**1年生**　◉ 時期：**1学期**　◆ 時間：**50分**

ホームルームづくり
名前でビンゴ！

ねらい

★ホームルームの中で自分と同じ好みや傾向をもつ友達を探す活動を通して、他者への理解を深める。

準　備

☐ 教師用タイマー
☐ 4枚1組の分類カードとそれを付けるマグネット
☐ 教室の机・椅子の片付け

展　開

15分 ビンゴシートを1人1枚配布し、記入させる。

↓

5分 ビンゴゲームの方法を説明する。

↓

20分 ゲームの実施（3分×数回）

↓

10分 ビンゴの数を発表し合った後、4人1組で振り返りを実施する。

ポイント＆アレンジ

● ビンゴシートにはフルネームが書けるよう、名票を添付しておく。
● 生徒各自でランダムに出席番号と氏名をフルネームで記入する（この間、教師は黒板に分かれたときの移動位置を明記しておく）。

● 教師の合図で、教室の四隅等に貼っておいた分類カードの自分の特性と合う所に一斉に移動する。時間内（3分程度）になるべく多くの人と以下のやりとりをし、確認し合った同士は、シートの名前を◯で囲む。
　・「私は◯番の□□□□です。名前を聞かせてください。」、「私は△番の◯◯◯◯です。」
● 少数派の生徒に配慮して、個性派を紹介する。
● ゲームを数回行う。

● 振り返りは、「今日の活動について、自分なりに気付いたこと」などをテーマに1人1分、その後、互いの気付きについて各1分など決められた手順で行う。
● 分類カード例

ペットを飼うなら	部活	通学	住まい
イヌ派	部活は球技系	通学は自転車	住まいはA区
ネコ派	部活は球技以外の運動部	通学は徒歩	住まいはB区
小動物系	部活は文化系	通学は電車	住まいはC区
それ以外	部活は帰宅部	通学方法は混交	A～C区以外

名前でビンゴ！

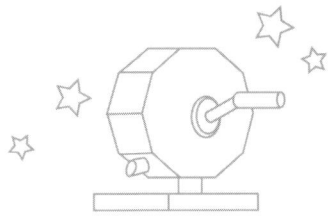

ビンゴシート（例）

					①	
☆						
		②				
		新井 薫				
				☆		
						④
		⑤		⑳		
				笹川 恵子		
					③	

1　このホームルームは40名、マスは42個あります。好きな所2箇所を☆にしてください。
　　☆のマスは、オールマイティです。

2　1～40の番号を好きな所に書き入れ、下の名票を見ながらそれぞれの番号に当てはまる人のフルネームを記入しましょう。一人ひとり、どんな人かなと考えながら、心を込めて書き込みましょう。

（注）このビンゴは縦と横だけで、斜めはありません。

名　票

1	青木　栄	9		17		・	
2	新井　薫	10		18		・	
3		11		19		・	
4		12		20	笹川　恵子	・	
5		13		21		・	
6		14		・		・	
7		15		・		・	
8		16		・		・	

　　　　　年　　　　組　　　番　氏名

3 ホームルームづくり

★ 使用学年：**全**学年　◉ 時期：年度初め　◆ 時間：**50**分

➡リンク⑳

ホームルーム目標を決めよう&振り返ろう

ねらい

★自分がつくったと思える目標をつくる。
★学期ごと、年度ごとに目標を振り返り、実状を反映して途中で変えることも可。

準備

□生徒に作文「こんなホームルームにしたい」を作成させておく
□1人5～10枚程度の付箋

展開

5分 HRの目標を考えるねらいを説明する。事前に書かせた作文をランダムに配布する。

10分 「こんなHRにしたい」を読んで、共感できると思う言葉、このHRにぴったりだと思うフレーズを付箋に書き抜かせる。

20分 指定されたグループに分かれ、台紙に各自の付箋を貼り、内容等でまとめていく。

15分 グループごとに発表させ、HR目標につなげる。

ポイント&アレンジ

● 手元に自分の書いた作文がきていないかを確認する。誰が書いたかはわからないようにしておく。

● 1人1枚を担当することから、目標づくりへの参加意識が生まれやすい。

● 生徒の作業中に、1グループ6～7名程度のグループ分けを板書し、本時のリーダーを決めておく。

● 目指すHR像が同じものをまとめるよう指示する。

● 目標には「集団維持機能」と「目的遂行機能」が盛り込まれているかを確認する。

● まとめさせる活動は生徒の実態に応じて取り組ませる。発表を参考に原案を考えさせるのもよい。全員で考えるという手順を踏んだ活動が大切である。

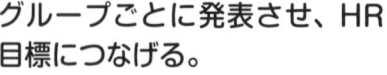

アレンジ

HR目標を記入させたあと回収し、年度末に各自でHR目標について振り返る。

ホームルーム目標を決めよう

私はこんなHRにしたい！

_____
_____
_____
_____
_____
_____
_____
_____
_____
_____

　　年　　　組　　番　氏名 _____

HR目標：

HR目標を振り返ろう

4月にこだわって決めたHR目標についてのあなたの評価を聞かせてください。
　（5段階評価で5を最高とする。）

1　HR目標の実現度は？（全体）　　1　2　3　4　5

2　HR目標の実現度は？（個人）　　1　2　3　4　5

3　あなたのクラスへの貢献度は？　1　2　3　4　5

4　HR目標について、改善点や加えたほうがよい言葉・フレーズを自由に書いてください。

_____
_____
_____

　　年　　　組　　番　氏名 _____

★ 使用学年：**全**学年　　◉ 時期：年度初め　　◆ 時間：**50**分

➡リンク⑨

ホームルームづくり
委員・係希望アンケート

ねらい

★全員が参画し、人間関係構築の一つの手だてとする。
★仕事内容を理解し、極力立候補で決めるようにする。
★委員・係に責任感をもつ。

準 備

☐アンケート用紙の配布（前日に、委員・係一覧とその説明が入ったもの）
☐相談（友人と話をさせておいてもよい）

展 開

10分 委員・係一覧表を配布（掲示）し、あらためて仕事内容や定数の説明を行う。

30分 第1〜4希望をアンケート用紙に記入させた後、やりたい委員・係を立候補で募りながら決めていく。

10分 委員・係がすべて埋まったら、再度教師（進行役）は委員・係の仕事の重要性を確認し、責任を全うするよう訴える。

ポイント＆アレンジ

●説明時に、委員・係の定数をクラスの人数に合致させておく方法もある（何もしなくてもよい生徒を出さないことがねらい）。そのときは、男女比などに留意する。

●議長がいるなら進行を任せたい（事前に入念な打合わせを）。
・（例）立候補が重なった委員・係及び立候補がいない委員・係は後回しとし、一巡したら第2希望を募る。はずれてしまった者は空いている委員・係に再度立候補するなどの方法がある。

●委員・係が決定したら早めに掲示するなどして、自覚を促す。

アレンジ

すべて立候補で埋まらなかった場合は、希望アンケートを回収し、教師が調整する。

委員・係希望アンケート

【委員・係一覧】

委員・係名	定数	役　　割
（例） HR委員	2（男1女1）	HRをまとめる。HRの司会進行を務める。
（例） 旅行委員	2（男女不問）	遠足や修学旅行の仕事を行う。

【自分が（実は！）やってみたい委員・係】

①第1希望	委員・係
②第2希望	委員・係
③第3希望	委員・係
④第4希望	委員・係

　　年　　　組　　番　氏名

ホームルームづくり
きれいな教室にするための点検シート

★ 使用学年：**1年生**　◉ 時期：**1**学期　◆ 時間：**50分**

ねらい

★教室の環境を整え、快適に過ごせる空間をつくる。
★私物の整理は、各自が責任をもって取り組む。
★清掃活動を通して、ホームルームへの帰属意識を高める。

準　備

☐確認（清掃区域の明確化や用具の準備、清掃方法）
☐予告（清掃活動を見直し、日常の状況を認識するように）

展　開

5分 ワークシートの配布、記入。

15分 グループに分かれて、清掃の改善ポイントを話し合う。

10分 話し合った内容を発表する。

15分 発表の実現可能性を考える。清掃方法の新ルールをつくる。

5分 まとめ

ポイント＆アレンジ

●客観的に書くよう指導する。

●机間巡視し、気になる生徒の話を聞く。

●机間巡視し、話し合いの活性化を図る。

●他クラスの清掃ルールを調べさせておき、その報告を参考にさせるのもよい。

●ペナルティを決めるだけにならないように。

●清掃自体が難しいわけではない。その原因は生徒たち自身に考えさせたい。

●環境整備に対する自覚をもつよう促したい。

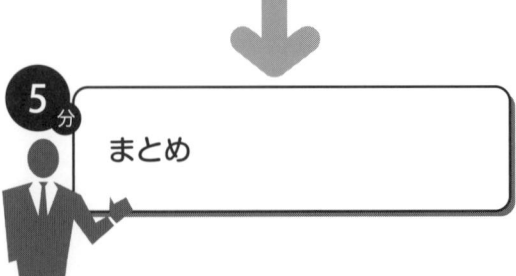

アレンジ
新ルールは見やすい形で掲示し、徹底する。

きれいな教室にするための点検シート

お弁当を食べるとき、授業中、友だちと楽しくおしゃべりをしているとき、あなたにとって、教室は居心地のいい場所ですか？ この点検シートをもとに話し合いをして、自分たちの教室環境を整えるルールづくりをしよう。

1 確認 知っていますか？ 学校のごみ捨てルール
   ①ごみの分別は （　　　　　　　　　　　　　　　　　　　　　　　）
   ②ごみを出すのは （　　　　　　　　　）曜日　　時間は（　　　　　　　　　　　）

2 まずは点検しよう　　　きれい　　　　　　　　　　　汚い
   ①教室　　　　　　（　5　4　3　2　1　）
   ②黒板　　　　　　（　5　4　3　2　1　）
   ③掲示板　　　　　（　5　4　3　2　1　）

3 評価の理由
   ①教室　　（　　　　　　　　　　　　　　　　　　　　　　　　　　）
   ②黒板　　（　　　　　　　　　　　　　　　　　　　　　　　　　　）
   ③掲示板　（　　　　　　　　　　　　　　　　　　　　　　　　　　）

4 自分の清掃活動を振り返って　　取り組めた　　　　　　　取り組んでいない
   ①まじめに取り組んでいたか　　（　5　4　3　2　1　）
   ②評価の理由　（　　　　　　　　　　　　　　　　　　　　　　　　）

5 見直そう。清掃の仕方、日直の仕事など
（現在）　　　誰が　　　　　　人数　　　　　　　頻度
   教室　　（　　　　　　）（　　　　　　）週に（　　　　　）回
   黒板　　（　　　　　　）（　　　　　　）　　（　　　　　）回
   掲示板　（　　　　　　）（　　　　　　）　　（　　　　　）回
      ↓
（見直し）　　　誰が　　　　　　人数　　　　　　　頻度
   教室　　（　　　　　　）（　　　　　　）週に（　　　　　）回
   黒板　　（　　　　　　）（　　　　　　）　　（　　　　　）回
   掲示板　（　　　　　　）（　　　　　　）　　（　　　　　）回

（その他の工夫）・・・良いと思うものに○をつける
   （　　）ごみ捨て、汚れやすい場所などチェックリストをつくり、班長がチェック
   （　　）放置してある私物を毎日チェック
   （　　）さぼった人は罰当番！
   （　　）その他

　　　　年　　　組　　　番　氏名

★ 使用学年：**1・2年生**　◉ 時期：**1学期**　◆ 時間：**100分**

ホームルームづくり
ホームルームの実態調査

ねらい
★自分のホームルームへの帰属意識をもつ。
★人間関係づくりのきっかけをつかむ。
★作業の過程でリーダー等それぞれの適性を見極める。

準備
☐実態記録の例を示した一覧表
☐各グループに1枚のHR名票を渡して総数を明示（全員に必ず質問するため）
☐プレゼンテーションに利用する模造紙（下敷き用新聞紙）
☐マジック、発表時間管理用のタイマー

展開

10分 新しく出会ったこのホームルームのメンバーについての実態記録をつくるというねらいと手順を説明する。

30分 調査項目を決め、グループで分担して調査する。

25分 調査結果を見やすく模造紙等に記入し、プレゼンテーション資料を作成する。

25分 グループごとに発表する。

10分 グループで振り返りを実施する。

ポイント＆アレンジ

●1グループは6人程度とする。「長男・長女、中間子、末っ子、一人っ子」などの調査項目をあらかじめいくつか用意する（答えは事実であることより、その人が相手に伝えたいものであることが大切）。

●調査する前に誰が誰に尋ねるかを決めさせ、提示されている総数とデータ数が合うようにする。

●尋ねる前には必ず「私は○○○○ですが、名前を教えてください。」と切り出させる。

●調査後、プレゼンテーション用紙に記入する人、発表する人など、分担を決めさせる（発表以外の補助説明や、聞き手からの質問・感想を受け付ける時間を設けてもよい）。

アレンジ
時間によってはワークシートで振り返りを行ってもよい。
プレゼンテーションで使用した資料は、しばらく教室等に掲示しておく。

ホームルームの実態調査
（グループ別調査項目用紙）

（例）

★ グループ代表者名（　　　　　　　　　）
★ 調査する項目

| あなたは兄弟姉妹の何番目？ |

（　長男・長女　）（　）人　（　中間子　　　）（　）人
（　末っ子　　　）（　）人　（　一人っ子　　）（　）人
（　　　　　　　）（　）人　（　　　　　　　）（　）人

★ 今日のこのホームルームの総数は？　〔 40 〕人

★ グループ代表者名（　　　　　　　　　）
★ 調査する項目

| |

（　　　　　　　）（　）人　（　　　　　　　）（　）人
（　　　　　　　）（　）人　（　　　　　　　）（　）人
（　　　　　　　）（　）人　（　　　　　　　）（　）人

★ 今日のこのホームルームの総数は？　〔　　〕人

　　年　　　組　　　番　氏名

★ 使用学年：**全**学年　　◉ 時期：**1・2・3**学期　　◆ 時間：**50**分

➡リンク⑱～㉑

ホームルームづくり
クラスレクの取り組み

ねらい
★ホームルーム独自の活動で、帰属意識をもつ。
★自主的な活動の場・機会を広げる。
★自分たちで企画を立て、実現する。

準備
☐ クラスでの話し合いをもとに、企画内容や実行委員を決定
☐ 使用できる場所や物の確認
☐ 当日の進行表やメンバー表などの作成

展開

15分 クラス企画としてレクリエーションを行うことを知らせる。グループに分かれて企画を話し合い、提案を発表する。

↓

15分 提案に賛同する者で再びグループに分かれ、より魅力的な提案ができるよう、企画の細部まで話し合う。

↓

15分 各グループが提案を発表する。最終的にどの企画を実施するかを決定する。レク実行委員を決定する。

↓

5分 まとめ

ポイント&アレンジ

● 話し合いから企画決定までの流れを説明。

● 帰属意識をもたせたい。

● 生徒の自主的な取り組みを尊重する。

● 企画選びのコツは伝えておく。
　・(例) 天候に左右されないものがよい、ルールのアレンジでゲーム性が高まる、など

● 実際の準備は教師も一緒に行うとよい。

● 企画実施後には必ず全員で振り返りを行う（ワークシート）。

● 生徒の相互評価は次への動機付けにもなる。

アレンジ
● 企画のヒント
スポーツ編：ドッジボール（ボールの数を増やす）、各種リレー、大縄跳び　など
ゲーム編：ギネスに挑戦、巨大百人一首、用語しりとり　など

クラスレクの取り組み　〜振り返りシート〜

企画への自分の取り組みを評価しましょう
① 参加への意欲（しっかり取り組めたか）　　（ 5 ／ 4 ／ 3 ／ 2 ／ 1 ）
② 企画の計画性（スムーズに進行できたか）　（ 5 ／ 4 ／ 3 ／ 2 ／ 1 ）
③ 仲間との協力度（貢献できたか）　　　　　（ 5 ／ 4 ／ 3 ／ 2 ／ 1 ）
④ 総合判定（満足できたか）　　　　　　　　（ 5 ／ 4 ／ 3 ／ 2 ／ 1 ）

＜感想＞

＜実行委員へ一言＞

＜反省＞　①うまくいかなかったことは？　　　②その改善策を考えましょう

＜今後に向けて＞
　①おすすめ企画はこれ！　　　　　　　　　②おもしろポイントはここ！

　③私はここで活躍できる！

　　　　年　　　　組　　　番　氏名

★ 使用学年：**全**学年　◉ 時期：**2・3**学期　◆ 時間：**50**分

➡リンク❶

8

HRづくり

ホームルームづくり
他己紹介カード

ねらい

★身近な友人の好ましい面を発見する。
★他人の目を通じた自己発見の機会とする。
★人との関わり方を考え、クラスづくりに応用する。

準　備

☐予告（クラスの仲間の「良いところ」を探しておくように）
☐所属部活・委員会・行事での役割などを考慮したグループ分け

展　開

5分　他己紹介の意義を伝える。自己紹介欄を記入する。

10分　指示されたペアになり2人1組でインタビューし合う。

35分　項目（相手から聞いたこと、インタビューで知った意外なことなど）を選んで紹介する。

ポイント＆アレンジ

●他者の評価を聞くよい機会とする。

●グループ分けは教師が行う（さまざまな条件を配慮する必要があるため）。

●教師は相手の良いところを見つけるように声をかけながら巡回する。
●緊張感をほぐし、話が途切れないように。
●お互いに握手して席に戻る。

●仲間の目に映る自分から自己発見につながり、新たな役割にも自信をもって臨めるはず。

アレンジ

発表形式を工夫して楽しむのもよい。
　・クイズ形式
　・誰のことかを伏せたまま発表
　・紹介された生徒に感想を述べさせる、など

友だちのいいところを見つけよう

～他己紹介カード～

1　まずは自分を紹介しましょう

☆私の誕生日は(　　　)月(　　　)日、星座は(　　　　　　　)座。

☆好きな食べ物は(　　　　　　　　　　　)。

☆好きな(　　　　　　　)は(　　　　　　　　　　　)。

☆私の長所は(　　　　　　　　　　　　　　　)なところ。

☆実は(　　　　　　　　　　　　　　)が苦手・・・。

☆自宅は(　　　　　　　　　　)で、通学時間は(　　　　　)分／時間くらい。

2　お互いにインタビューし合いましょう

紹介する相手　(　　　　)番　(　　　　　　　　　　　)さん

Q1　登校時間は？(　　早いほう、　滑り込みセーフ、　ふつう　)

Q2　好きな教科は？(　　　　　　　　　　　　　　　　　　)

Q3　部活、やってる？　(　　　　　　　　　　　　　　　　)

Q4　そうじは？(　　大好き、　時々さぼる、　まあ、ふつう　)

Q5　今、頑張ってることは？　(　　　　　　　　　　　　　)

Q6　クラスのためにできることは？(　　　　　　　　　　　)

Q7　クラスの仲間にメッセージ！
(　　　　　　　　　　　　　　　　　　　　　　　　　　　)

　　　年　　　組　　　番　氏名

★ 使用学年：**全**学年　　◉ 時期：**2・3**学期　　◆ 時間：**50**分

➡リンク❹

ホームルームづくり
委員・係の仕事を内と外から点検しよう

ねらい

★委員会活動が順調に行われているかを点検・評価する。
★活動が順調でない場合、どうすればよいか考える。
★委員会活動を理解し、自発的に参加する。

準　備

☐委員・係一覧（P17）の配布（自分の担当する委員・係の仕事内容を再確認させる）
☐今年度の委員担当教諭及び委員（上級生含む）の一覧

展　開

10分 一覧を配布し、自分の担当する委員・係の仕事内容、担当教諭及び先輩の名前を確認させる。

⬇

30分 「チェックシート」の配布・記入（項目1～9）。

⬇

10分 「チェックシート」の提出について説明する（項目10、11）。

ポイント＆アレンジ

●担当教諭及び先輩には、あらかじめ生徒が行くことを伝え、指導をお願いしておく。

●より詳しく、より具体的に記入するように指示する。

●誰（担当教諭及び先輩）からコメントをもらうのか、期限は、など。

> **アレンジ**
> 実施する時期によっては、昨年度の担当教諭及び先輩に頼む方法もある。

委員・係の仕事チェックシート

1 自分の委員・係の名前 →
2 自分のパートナーの名前 →
   （1人きりの委員や係なら不要）
3 自分の委員・係の仕事内容（なるべく細かく書く）
   →①
    ②
    ③
    ④
    ⑤
4 この委員・係をやることになった理由や経緯（～がやりたかった、～に勧められた）
   →①
    ②
    ③
5 自分がこの委員・係に向いていると思いますか　→　　は い ・ い い え
6 その理由は何か考えてみましょう
   →①
    ②
7 実際に自分が、委員・係として力を入れて取り組んでいること
   →①
    ②
    ③
8 逆に、取り組めていないと思うこと
   →①
    ②
    ③
9 パートナーからのコメント
   →

10 先輩からのコメント
   →

11 担当の先生からのコメント
   →

12 担任のコメント
   →

　　　　年　　　組　　　番　氏名

★ 使用学年：**全**学年　◉ 時期：年度末　◆ 時間：**50**分

➡ リンク⑯⑰

HRづくり

ホームルームづくり
クラスの10大ニュース

ねらい

★1年間の学校生活やホームルーム活動を振り返る。
★一人ひとりの夢や希望、目標を語る場とする。

準 備

☐ 10大ニュース応募用紙の配布・回収
☐ 10大ニュースの順位が書かれた模造紙（順位が見えないようにしておく）
☐ 感謝状の作成

展 開

10分 本時のねらい、進行について説明する。

30分 10大ニュースを発表し、生徒に説明してもらう。

10分 感謝状を贈呈する。

ポイント＆アレンジ

● 1年間のホームルーム活動の集大成の会とする。

● ホームルーム委員が司会進行役を務める。

● 司会は、「第10位…、説明を○○さんにお願いします。」と進行していく。

● 独自の感謝状を作って、みんなの前で渡したい。

● 全体の運営は、生徒を中心に行う。

アレンジ

時期によっては、クリスマス会、新年会、お別れ会などの中で計画する。
最後にクラス全員で記念写真を撮るのもよい。

年　組の10大ニュース 応募用紙

1年間を振り返って、クラスで起きた重要なニュースを10挙げましょう。

第1位	第6位
コメント：	コメント：

第2位	第7位
コメント：	コメント：

第3位	第8位
コメント：	コメント：

第4位	第9位
コメント：	コメント：

第5位	第10位
コメント：	コメント：

　　　年　　　組　　番　氏名

席の配置アラカルト

教室の使い方は工夫しだいでこんなに広がる！

いつも同じ座席で授業やホームルーム活動を行っていると、落ち着く反面、同じグループでの活動に、マンネリ化することもある。

席の配置には、さまざまな型がある。時には、ホームルーム活動の内容に合わせて型を変えてみるのもいいだろう。以下に8つの型を紹介する。

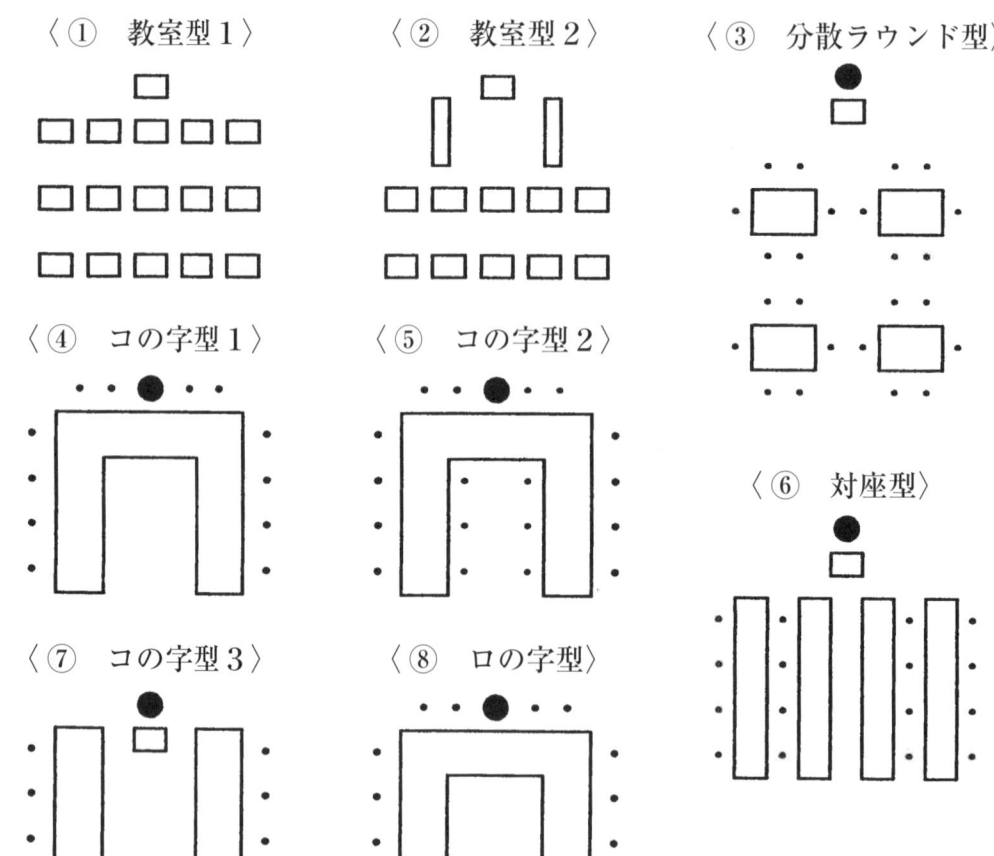

〈① 教室型1〉　〈② 教室型2〉　〈③ 分散ラウンド型〉
〈④ コの字型1〉　〈⑤ コの字型2〉　〈⑥ 対座型〉
〈⑦ コの字型3〉　〈⑧ ロの字型〉

（鈴木）

コミュニケーション力を身に付ける

「現代の子どもは、コミュニケーションをとるのが苦手」とよく言われます。昔は、ボール遊びをしたり、追いかけっこをしたりして、夕暮れまで友だちと外で遊んでいました。今は、同じ部屋に友だちと一緒にいても、それぞれがゲーム機に向かっています。ホームルームでの交流を通じて、生徒がコミュニケーション力を身に付けることができるようなワークシートを作りました。

11 コミュニケーション
宝物あてゲーム

★使用学年：**1・2**年生　◉時期：**1・2・3**学期　◆時間：**50**分

ねらい
★クイズ的なしかけで自己開示・相互理解する。
★クラス内の交流を広げ、雰囲気を良くする。

準 備
☐グループ編成（仲良しグループを避け、座席で機械的につくる、くじ引きなど）
☐ワークシートの拡大版（教師自身の宝物とヒントを書いておく）

展　開

5分 教師による宝物あてクイズの実演。

5分 自分の宝物を記入。

15分 グループに分かれてそれぞれの宝物をあてよう！

15分 宝物の公開（班内スピーチ・1人3分）

10分 振り返り

ポイント＆アレンジ

●ヒントを1つずつ公開し、生徒に当てさせる。
●教師の自己開示が、生徒の自己開示を促す。

●一部の人にしかわからない固有名詞は避ける。
●ヒントはわかりやすいものを。
●書けたら紙を折っておく。ゼムクリップ等で留めるとなおよい。

●シートを回し、それぞれの宝物を予想して相手のシートに記入する。
●グループ編成は、同じ人数のほうが一斉進行しやすい（4～5人）。
●終わった班は待つ。

●発表者は、予想した理由をそれぞれに尋ねる。
●宝物の正解を発表し、それにまつわるエピソードを紹介する。
●時間内は、その生徒に質問する。
●余った時間は自由に語り合う。

●活動を振り返り、感想を書く時間を十分に。

宝物あてゲーム

1 **宝物を書く**ー大きな字で、でも人に見られないように書こう

谷折り

物でも人でも、気持ちや考え方など何でもよいが一部の人にしかわからない物は避けて……。

上半分を裏側に折って、答えを隠す

山折り

2 **ヒント**ー宝物を暗示するヒントを3つ書こう

☐　　　　　　☐　　　　　　☐

3 **メンバーの答え**ー班内に回し、ヒントを参考にお互いの宝物をあてよう

解答者	宝物の予想	解答者	宝物の予想

4 **解答、質問コーナー**
　①その宝物を予想した理由をそれぞれに尋ねる
　②折り返しを開いて正解を発表
　③宝物にまつわるエピソードを話す
　④メンバーからの質問がいくつか出たら、次の人へ進む

5 **振り返り**ー全員が終わったら今のゲームを振り返り、感想を書いておこう

　　　年　　　組　　　番　氏名

★ 使用学年：**全学年**　◉ 時期：**1・2・3** 学期　◆ 時間：**50分**

コミュニケーション
爆笑リレーゲーム

ねらい
★ みんなで参加し、笑えるゲームで互いの個性を楽しむ。
★ 和気あいあいとして楽しく、協力しあえる雰囲気をつくる。

準 備
□ 用紙の作成（生徒数×2を印刷後、一番上の点線より上を切り落とす。ただの白紙を折って使っても可）
□ ストップウォッチ
□ グループ編成の方法（仲良しグループを避け、座席で機械的につくる、くじ引きなど）

展 開

5分 導入（グループづくり）

↓

15分 連想リレー
グループで用紙を回し、直前の人の言葉だけ見て連想する言葉を書く。人数分の紙を同時に回していく。

↓

20分 リレー小説
連想リレーと同じ手順で、順番に物語を書いていく。

↓

10分 ベスト1の発表と感想の記入

ポイント＆アレンジ
● ゲームの内容はくわしく言わない。
● 4～5人のグループをつくる。
● 各自、用紙を3か所の点線で折り、また開いておく。
● ゲームの手順は以下のとおり。
　・何か言葉（食べ物や生き物の名前）を書く。
　・裏側に折り、順に右隣の人に渡す。
　・前の人の言葉から連想する言葉を書き、裏に折って右に渡す。
　・同じ手順で自分の直前の人の言葉だけ見て書き、渡す。
　・最後に1番を書いた人に戻す。
　・紙を開き、グループで回覧して楽しむ。意外な展開に笑える。
● リレー小説の手順は以下のとおり。
　・最初だけ、「ある日私が○○へ行くと…」。
　・時間を区切り、教師の合図で一斉に隣へ。
　・4人目は時間を長くし、結末をつける。
　・紙を開くと、珍妙な展開に爆笑する。

● グループでベスト1を決め、全体に発表。
● リレー小説の裏面に感想を書いて提出。

爆笑リレーゲーム

(教師用注)この点線の上は印刷後に切り落とす

①名前（　）

山折り
↓

自分の分を書いたら、前の人の書いた部分は裏側に折って隠す

②名前（　）

山折り
↓

自分の分を書いたら、前の人の書いた部分は裏側に折って隠す

③名前（　）

山折り
↓

自分の分を書いたら、前の人の書いた部分は裏側に折って隠す

④名前（　）

13

★ 使用学年：全学年　◉時期：**1・2・3**学期　◆時間：**50**分

コミュニケーション
ボランティアを体験してみよう

ねらい
★ホームルームでボランティア精神を学ぶ。
★ボランティア活動を理解し、体験する。
★クラスメイトの優しさや温かさを知る。

準備
☐アイマスク（なければタオルなどでもよい。それもないときは目をつぶらせる）
☐活動の手順についての簡単なメモ

展開

5分 2人1組をつくる。

- 生徒が1人残った場合は、教師と組ませる。

10分 1人がアイマスクをし、他の1人が誘導（ガイドヘルプ）する。

- ガイドヘルパーは、自分の右肘を相手の左手で握ってもらい、相手の歩調に合わせて半歩先を歩く。
- 必要に応じて、障害物や危険物の存在、道や階段などの様子を説明する。

10分 コースを回り終えたら、役割を交代して実施する。

- ガイドヘルプをしているときは、相手の立場に立って誘導させる。
- 階段などは危険なので、ふざけたりしないように十分注意する。

10分 ワークシートに感想を記入する。

15分 ワークシートをもとに感想を発表し合う。

- 目の不自由の方の疑似体験から、素直な感想を述べさせる。
- 体験活動の重要な点を確認させる。

ポイント＆アレンジ

ボランティアを体験してみよう

アイマスクをしてガイドされているとき、逆にガイドヘルパーになったとき、どう感じ、何を考えましたか。
質問に答えて、それをもとに話し合ってみましょう。

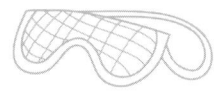

1　アイマスクをしているとき

歩き始めたときは、どんな気持ちでいましたか？

声を掛けられたときどうでしたか？

2　ガイドヘルプをしているとき

どのようなことに気を付けましたか？

優しさを素直に出すことができましたか？

3　体験を通じて

パートナーになってくれた人に、何か新しい発見はありましたか？

他に何か気が付いたことがありますか？

　　　年　　　　組　　　番　氏名

14

★使用学年：**全学年**　◉時期：**2**学期　◆時間：**50**分

コミュニケーション
アルバイトについて語り合おう

ねらい
★話し合い活動を通じて、多様な意見に触れる。
★本音で語り合うことによって自他への理解を深める。

準 備
□生徒の興味関心をそそるような資料・データ（掲示用（模造紙大）の他に、A3でグループの数分）

展 開

10分 身近な話題についての本音トークを実施するねらいを説明する。指示されたとおり6グループに分かれ、役割を決めて、話し合いの流れを確認する。

↓

30分 テーマ「アルバイト経験の有無による将来構想の違い」について話し合わせる。

↓

10分 話し合いの過程とグループでまとまった意見を発表させる。

ポイント＆アレンジ

●話し合いの流れ
・司会・記録を決める。
・まずは順番に自分の考えを述べる。
・他の人の考えを聞いて気付いたことをI（アイ）メッセージ（「私は〜」）でコメントする。
・自由発言

●アルバイト中、経験あり、経験なしそれぞれの高校生の将来構想は？　男女によって差がある将来構想は？　なぜ将来構想に違いがあるのか？　など

●話し合いの過程を発表させることで、同じテーマでもグループによって着目点が異なることに気付かせる。

アルバイトについて語り合おう

リーダー（　　　　　　）班
他のメンバー（　　　　　　　　　）

次の2つのグラフを見比べて、原因を考えてみましょう。

(Benesse 教育研究開発センターの20年以上にわたる継続的調査結果)

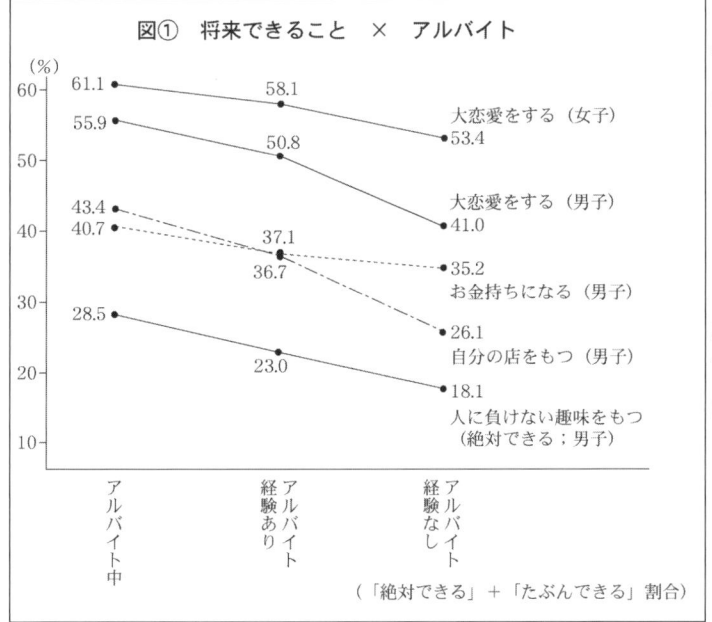

図①　将来できること　×　アルバイト

(%)
- 61.1 → 58.1 → 53.4　大恋愛をする（女子）
- 55.9 → 50.8 → 41.0　大恋愛をする（男子）
- 43.4 → 37.1 → 35.2　お金持ちになる（男子）
- 40.7 → 36.7 → 26.1　自分の店をもつ（男子）
- 28.5 → 23.0 → 18.1　人に負けない趣味をもつ（絶対できる；男子）

アルバイト中／アルバイト経験あり／アルバイト経験なし
（「絶対できる」＋「たぶんできる」割合）

1　①のグラフで
アルバイト中＞経験あり＞経験なし
になるのはどんな将来構想ですか？
・
・
・
・
・

(モノグラフ高校生　VOL.34 高校生たちのアルバイト体験)

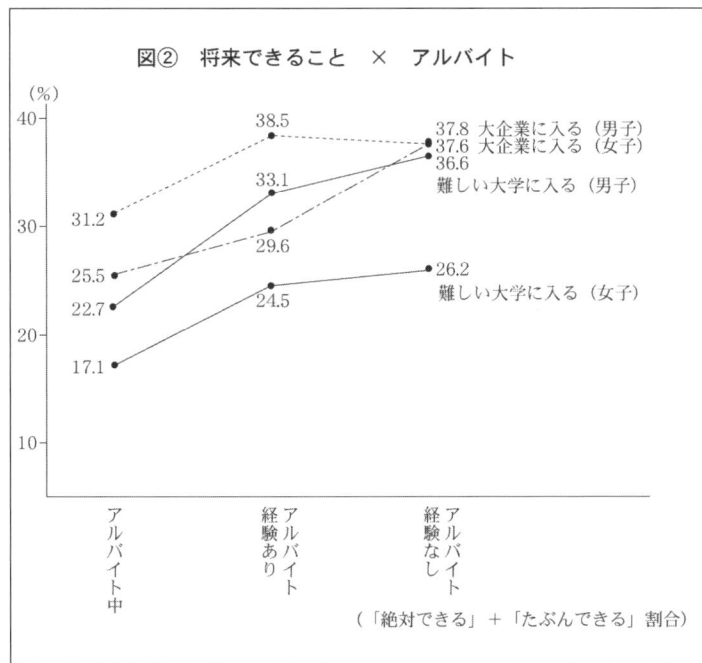

図②　将来できること　×　アルバイト

(%)
- 31.2 → 38.5 → 37.8　大企業に入る（男子）
- 25.5 → 33.1 → 37.6　大企業に入る（女子）
- 22.7 → 29.6 → 36.6　難しい大学に入る（男子）
- 17.1 → 24.5 → 26.2　難しい大学に入る（女子）

アルバイト中／アルバイト経験あり／アルバイト経験なし
（「絶対できる」＋「たぶんできる」割合）

2　②のグラフで
アルバイト中＜経験あり＜経験なし
になるのはどんな将来構想ですか？
・
・
・
・
・
・

3　①と②のグラフで、将来構想に違いがあるのはなぜだと思いますか？原因を考えてみましょう。
アルバイト経験のある人の話を参考にして考えてみましょう。

_____
_____
_____
_____
_____
_____

15 コミュニケーション
いじめについて考えよう

★ 使用学年：全学年　　◉ 時期：**1・2・3**学期　　◆ 時間：**50**分

ねらい
★いじめはどんな集団にも起こりうることを認識する。
★いじめについて、真面目に考える。
★自分も、他人も同様に大切にする心を養う。

準　備
□新聞記事や本、HPなどをコピーした資料（いじめられている子どもへの励ましのメッセージなど）
□グループ討議ができる場合は、テーマの選定

展　開

ポイント＆アレンジ

5分 用意した資料の配布。個々で読ませる。

↓

15分 教師の話のあと、ワークシートに記入する。

- いじめは絶対許さないという信念を伝える。
- 真剣に考えるよう促す。

↓

20分 グループ討議

- テーマに沿った考えを述べる。
- テーマの選定に配慮が必要。
- 人物が特定できる状況設定は避け、意見を述べやすい一般的テーマが妥当。

↓

10分 自分の考えをまとめる。架空の友人にメッセージを書く。

- いじめを生徒たち自身が解決するのは困難だが、他人の立場を思いやれる視点をもたせたい。
- 繰り返して「いじめは許さない」と伝える。

いじめについて考えよう

1　いじめとは、どんなことをすることでしょう

2　いじめとけんかはどう違うのでしょう

3　資料を読んで、感じたことを記しましょう

4　いじめがあると、周囲の人にどういう影響を及ぼすのでしょう

5　資料を参考にいじめられている人へメッセージを書きましょう

　　　　年　　　組　　　番　氏名

16

★ 使用学年：全学年　◉ 時期：**1・2・3** 学期　◆ 時間：**50**分

➡リンク⑩⑰

コミュニケーション
あなたへメッセージ

ねらい

★クラスメイトの良いところを見つめて、讃える姿勢を養う。
★周囲から認められることにより、帰属意識を高める。
★お互いの個性を尊重し、望ましい人間関係を形成する。

準 備

□記入内容の検討（個人を誹謗・中傷していないかよく確認する）

展　開

5分 メッセージカードを配布して、記入上の注意事項を確認する。

⬇

5分 手紙を書くことの目的を教師からしっかり伝える。

⬇

15分 手紙を書く。

⬇

10分 記入した内容を検討する。

⬇

15分 教師が回収・配布する。

ポイント＆アレンジ

●個人を中傷する表現、差別する表現に十分留意する。
●目的によって宛先を指示する（宛先は指導の目的により、教師から指定もしくは任意とする）。
●特定の生徒に手紙が集中したり、1枚ももらえない生徒が出ることも考慮し、事後指導を適切に行う。
●目的別に何度か実施すると、手紙の宛先が分散できる。
●どんな目的で手紙を書くのか説明する。

●教師がいったん回収し、不適切な表現がないかを確認してから宛先へ配布する。その際得た情報はHR指導に活用できる。
　・差出人の名前を明記するか匿名にするかは、HRの人間関係、生徒の情況を判断して決める。明記した場合は、生徒が記入に責任をもつ、教師がHRの人間関係を適切に判断する資料が得られる等の利点がある。

あなたへメッセージ

この手紙は、ホームルームの仲間を励まし、元気を与え、さらに活躍してもらうための「特効薬」です。相手の心を思いやり、ますます元気がでるような、心のこもったメッセージを書きましょう。相手を傷つけたりするようなことは書かないでください。

元気のでる手紙

＿＿＿＿＿さんへ

＿＿＿＿＿＿＿＿＿＿＿＿＿＿＿＿＿＿＿＿＿＿＿＿＿＿＿＿＿＿＿＿＿＿＿＿＿＿

＿＿＿＿＿＿＿＿＿＿＿＿＿＿＿＿＿＿＿＿＿＿＿＿＿＿＿＿＿＿＿＿＿＿＿＿＿＿

＿＿＿＿＿＿＿＿＿＿＿＿＿＿＿＿＿＿＿＿＿＿＿＿＿＿＿＿＿＿＿＿＿＿＿＿＿＿

＿＿＿＿＿より

係・委員の人たちが、一生懸命努力して活動してくれているから、学校生活が快適に過ごせるのです。そんな係・委員の人たちに、感謝の気持ちを伝えましょう。

感 謝 状

＿＿＿＿＿＿＿＿＿係・委員の＿＿＿＿＿＿＿＿＿殿

あなたは、＿＿＿＿＿＿＿＿＿＿＿＿＿＿＿＿＿＿＿＿＿＿＿＿＿＿＿＿＿＿＿＿

＿＿＿＿＿＿＿＿＿＿＿＿＿＿＿＿＿＿＿＿＿＿＿＿＿＿＿＿＿＿＿＿＿＿＿＿＿＿

よって、日頃の活動を讃え、ここに表彰します。　　　年　月　日

＿＿＿＿＿印

17

★ 使用学年：**全**学年　◉ 時期：年度末　◆ 時間：**50**分

➡リンク⑩⑯

コミュニケーション
私だけが知っている No.1

ねらい
★クラスメイトの良いところを発見する。
★人の個性はいろいろな視点から発見できることを知る。
★他者の視点から自分の個性を再発見する。

準　備
□予告（クラスメイトの良いところを考えさせておく）
□予告（クラスメイトの中から「××に関してはこの人」というNo.1を選ばせておく）
□教師が考える全員分のNo.1を書いたカード

展　開

5分 用意したワークシートの記入方法について説明する。

30分 生徒にそれぞれが考えるNo.1を選ばせ、該当するクラスメイトをワークシートに記入させる。

15分 ワークシートを切り取り、それぞれのNo.1カードを本人に渡す。

ポイント＆アレンジ

●クラスメイトの良いところを考え、さまざまな視点からクラスのNo.1を選ぶことを説明する。

●No.1の項目は、どのような項目でも構わないが、他人を認めたり、賞讃する項目であることを確認しておく。

●No.1の項目が挙げられない生徒のために事前にいくつか例を挙げておくとよい。
　・（例）「困った時に頼りになる人No.1」「クラスのまとめ役No.1」「部活に命をかけている人No.1」

●カードを1枚も手にしない生徒が出ないように、教師は全員分のNo.1を考え、事前にカードを作っておくとよい。

私だけが知っている No.1

あなたが1年間過ごしてきたこのクラスには、さまざまな個性をもった人たちが集まっています。
一人ひとりの良いところを思い出しながら、あなたが考える「私だけが知っている No.1」を記入しましょう。

◇ 私が選ぶ No.1

_____さん	_____さん
こんなところが No.1	こんなところが No.1
_____さん	_____さん
こんなところが No.1	こんなところが No.1
_____さん	_____さん
こんなところが No.1	こんなところが No.1
_____さん	_____さん
こんなところが No.1	こんなところが No.1

年　　　組　　　番　氏名_____

コラム

文化祭企画アイデア集―①

発表、展示、演劇の他にもまだまだある！

1　企画の4系統

①頭を使う系：研究発表、討論会、クイズ、迷路
②手を使う系：装飾、作品展示、模擬店
③身体を使う系：演劇、映画、音楽・ショー
④楽しく遊ぶ系：ゲーム、遊び

2　企画いろいろ

①頭で考え、アイデアで勝負！
【研究発表】
・修学旅行の学習
　事前・事後学習を兼ねる。郷土芸能などの紹介も。
・授業内容の発表
　職業科の専門性を生かす。工作物の展示など。
・学校案内
　来年受験の中学生に学校を紹介する。
・身近なものの徹底研究
　身近なものを、あらゆる角度から調べて発表。
【討論会】
・ディベート大会
　ゲームとしての討論。わかりやすい論題を用意。
・模擬裁判
　裁判員制度も始まり、注目度アップ！
　検察側、弁護側、被告の立場で対決する（HP等で台本も入手可能）。
・青年の主張
　自分の大きな夢を語る。目立つ場所でやりたい。

【クイズ・迷路】
・迷路
　消化器官の経路をたどるものなど。立体に作ったり、お化け屋敷と合体しても楽しい。
・オリエンテーリング
　校内案内を兼ねるのも。
・クイズ
　出題形式、内容に工夫すると盛り上がる。

②手を使って作る！
【装飾】
・壁画、アーチ、シンボル、垂れ幕、のぼりなど。
【作品展示】
・モチーフにこだわる
　建物のミニチュア、プラネタリウム、気球など。
・材料にこだわる
　空き缶、貝、卵の殻、割り箸、マッチ、折り紙、バルーンなど。
・大きさにこだわる
　巨大なもの、ごく小さいもの、同じ大きさのものを大量に作る。
【模擬店】
・装飾にこだわる
　純和風喫茶、イタリアンレストラン、フレンチ、カフェ、台湾屋台風、中華風、縁日風など。
・メニューにこだわる
　紅茶・コーヒー専門店、駄菓子屋、焼き芋、餅つきなど。
※修学旅行で行く土地の文化や、食べ物などの紹介を兼ねるのもおもしろい。
（P68につづく）　　　　　　　　　　（北條）

学校行事に向けて

学校行事は、生徒にとって多くの「体験」をさせる絶好の場です。文化的行事、体育的行事などその種類も豊富ですので、学年や時期によって、さまざまな活動を展開することができます。

特に、「行事の企画立案」「運営・実行」「振り返り」という一連の活動を通して、さまざまな資質・能力を身に付けさせることができます。また、行事の中では話し合いを行う場面が多くあり、これによって、ホームルーム集団が育成されます。

行事に向けて、活動の流れをスムーズにするワークシートを作りました。

18

★ 使用学年：**1**年生　◉ 時期：**1・2・3**学期　◆ 時間：**50**分

➡リンク❼⑲〜㉑

学校行事
温故知新で企画を盛り上げる！

ねらい
★行事に対する先輩たちの取り組みを知る。
★行事の中で自分が果たせる役割を探す。
★クラスや個人での具体的な目標をもつ。

準 備
☐取材グループづくり（2〜6人が適当）
☐先生方や先輩たちなど取材先の割り振り
☐取材したメモ（企画内容・やって良かったこと・やれば良かったこと等）

展 開

5分 本時の目的やねらいを説明する。

20分 班ごとに調べたことを報告し合う。

5分 感想を記入する。

15分 「企画を盛り上げるためのアイデア」の部分を記入する。

5分 まとめ

ポイント＆アレンジ

●継承すべき学校の「文化」を教師が具体的に語ることで、やる気を引き出す。

●2・3年生はワークシート1〜3を「昨年の反省」にしてもよい。

●グループで相談しながら記入する。
●豊富な取組例をアレンジするのもよい。
●アイデアをたくさん出し合う。

●教師のこれまでの経験を語る。また、クラスの生徒への期待も述べたい。
●行事後、次年度へ向け、反省の機会を設ける。

温故知新で企画を盛り上げる！〈取材メモ〉

企画名 _____　(　　　年前)

1　どんな内容の企画でしたか？

2　やって良かったことは？

3　やれば良かったと思うことは？

4　報告をし合っての感想

5　企画を盛り上げるためのアイデア

　　　　年　　　組　　　番　氏名 _____

19

★ 使用学年：**全**学年　　◉ 時期：**1・2・3**学期　　◆ 時間：**50**分

→リンク ⑦ ⑱ ⑳ ㉑

学校行事
ブレインストーミングで話し合い

ねらい
- ★みんなの意見を生かして、より良い解決法を見つける。
- ★多くの意見を生かす話し合いの方法を身に付ける。
- ★相互啓発によりアイデアが出ることを経験する。

準　備
- □付箋（Ｓサイズ付箋が用紙に合う）

展　開

- **10分** グループ編成、テーマの提示
- **10分** ブレインストーミング
- **5分** 意見の拾い上げ作業
- **10分** 分類・整理
- **10分** 発表
- **5分** まとめ

ポイント＆アレンジ

- ●右の用紙（必要なら付箋に合わせて拡大印刷）と付箋を配布。班長・記録係を決める。
- ●ブレインストーミングのルールと進め方を確認。
- ●テーマは、「〜するには」（教室をきれいにするには、体育祭のリレーで勝利するには、など）とし、解決策を求める。
- ●時間を予告して実施（例えば7分間）
- ●班を回り、たくさん出すよう働きかける。

- ●各自「残したい」と思う付箋を別紙に移す。

- ●残した付箋を眺めて話し合い、グループで提案する。一本化せず、併記、折衷案になってもよい。

- ●各班長が結果を発表。

- ●みんなの意見を生かすことの大切さを確認。

ブレインストーミングで話し合い

　　　　　組　　　班　　　　　　　　　　　　　　　　　年　月　日（　）
班長（　　　）記録係（　　　）メンバー（　　　）（　　　）（　　　）（　　　）

テーマ

1	11	21
2	12	22
3	13	23
4	14	24
5	15	25
6	16	26
7	17	27
8	18	28
9	19	29
10	20	30

〈ブレインストーミングのルール〉
　①たくさん出そう
　②突飛な意見大歓迎
　③批判はしない
　④人の意見を借りて変形してよい

〈班長の仕事〉
　・みんなに意見を出させる。
〈記録係の仕事〉
　・用紙の記入
　・みんなの付箋をきれいに整える。
　・同じ意見があったら、指摘する。
※班長・記録係も意見を出す。

20 学校行事
チームでプレゼン準備をしよう

★ 使用学年：**全**学年　　●時期：**1・2・3**学期　　◆時間：**50**分

➡リンク ③ ⑦ ⑱ ⑲ ㉑

ねらい

- ★より多くの意見を募り、ベストな企画を見つける。
- ★自分のアイデアを整理し、人に伝える力を養う。
- ★衆知を生かすプロセスを体験的に理解する。

準備

- □ワークシートを使った個人原案（自宅課題とする）
- □ワークシートのジャンルによるチーム分け（人数が多ければ3～5人の小チームに。孤立した企画同士は1チームに）

展開

5分 手順の確認、ジャンル別チームで着席。

↓

25分 ワークシートに沿って進め、チーム案をまとめる。セールスポイント、必要な準備・課題も出す。

↓

20分 各チームが発表し、相互に質疑。

ポイント&アレンジ

- ●ワークシートは、個人、チーム、全体会共通。
- ●司会・記録の係を決める。
- ●個人企画からチーム企画をまとめる。

- ●3つの原則は、ホームルーム目標に照らすなどして、あらかじめ話し合っておくとよい（P14「ホームルーム目標を決めよう&振り返ろう」参照）。
- ●無理に一本化せず、ジャンルとしてのセールスポイントをまとめてもよい。例えば、「演劇的ジャンルは、舞台劇、人形劇、映画のどれも、演技、美術、音楽などいろいろな才能を生かした役割ができる」など。
- ●記録係は、質問を記録しておく。
- ●必要に応じ、別途話し合いをもつ。

アレンジ
2チームまで絞り込んだら、ディベートで決定するのもよい。

チームでプレゼン準備をしよう
（個人→チーム→全体　共通）

提案者＿＿＿＿＿＿＿＿＿＿＿＿＿＿＿＿＿＿＿＿＿＿＿

1　ブレインストーミングで出たアイデア

2　まとめた企画　（具体的に1つに絞る。チームでは合意できる範囲で）

ジャンル	
企画名	
内　容	

3　セールスポイント　（3つの原則について具体的に）

①自分たちも来場者も楽しめる
②全員が役割をもつ
③思い出に残る

4　必要な準備や課題

5　予想される質問、問題点

21

★ 使用学年：**全**学年　　◉ 時期：**1・2・3** 学期　　◆ 時間：**50**分

➡ リンク❼⑱〜⑳

学校行事
文化祭の企画をディベートしよう

ねらい

★みんなが納得のいく形で企画を決める。
★説得力のある話し方を身に付ける。
★さまざまな観点から考える力をつける。

準 備

☐企画案のある2チームが書いた「ディベートシート」のコピー（人数分）
☐判定者用の「チェックシート」
☐「ディベート進行表」（掲示用に拡大）
☐タイマー

展 開

10分 ディベートの意義と方法を説明。

⬇

30分 ディベート対戦

⬇

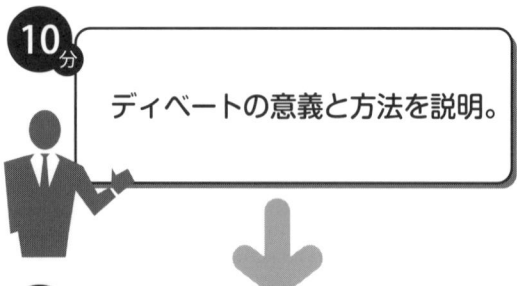

10分 判定・まとめ

ポイント&アレンジ

●「ディベート進行表」（掲示用拡大版）を黒板に貼って説明する。

●両チームが書いた右の「ディベートシート」を配る。
●「チェックシート」を配り、使い方を説明。
●「ディベート進行表」にしたがって進行する。

●AかBかの投票で判定する。
●決定後は今後の企画準備について意見交換。
●投票前に、「この判定でクラス企画を決定してよいか」決をとる。過半数未満なら投票結果は参考とし、決定までの日程を再度組む。

文化祭企画　ディベートシート

提案者＿＿＿＿＿＿＿＿＿＿＿＿＿＿＿＿＿＿＿＿＿＿＿＿

1　企画説明

ジャンル
企画名（仮称）
内　容

2　アピール（3つの原則に照らして）

3つの原則　①自分たちも来場者も楽しめる　②全員が役割をもつ　③思い出に残る

3　質問対策　→　チームで話し合って別紙にまとめておきましょう。
　　必要物品、費用、準備時間・場所、各自の負担、その他予想される問題点への対策

判定者用 文化祭企画 ディベート チェックシート

企画A	ジャンル		提案者	
	企画名（仮）			

メリット	デメリット

3原則からの評価	①自分たちも来場者も楽しめる	5　4　3　2　1
	②全員が役割をもつ	5　4　3　2　1
	③思い出に残る	5　4　3　2　1
加算	主観的観点から	5　4　3　2　1

〈コメント〉	合計点
	/20

企画B	ジャンル		提案者	
	企画名（仮）			

メリット	デメリット

3原則からの評価	①自分たちも来場者も楽しめる	5　4　3　2　1
	②全員が役割をもつ	5　4　3　2　1
	③思い出に残る	5　4　3　2　1
加算	主観的観点から	5　4　3　2　1

〈コメント〉	合計点
	/20

　　　年　　　組　　　番　氏名

※拡大コピーして黒板にお貼りください。

ディベート進行表

| 先攻・後攻決め | （ジャンケン） | 先攻＝A
後攻＝B |

| 1　主張
（企画説明とアピール） | A　チーム
B　チーム | 4分
4分 |

| 作戦タイム | （質問の準備） | 3分 |

| 2　質疑
（相手への質問） | B to A
A to B | 2分
2分 |

| 作戦タイム | （回答の準備） | 3分 |

| 3　回答
（質問への回答） | A　チーム
B　チーム | 2分
2分 |

| 4　一般質疑 | （聴衆から） | 3〜5分 |

| 5　最終弁論 | A　チーム
B　チーム | 2分
2分 |

| 6　判定 | （投票） | |

・3人チームで、主張、質疑、回答を分担。
　最終弁論は、3人の誰かが行う。
・一般質疑では、聴衆からの質問を受け、そのつど答える。
・投票前に、この判定で企画決定してよいか、挙手で確認

22 学校行事
係分担とスケジュールを決めよう

★ 使用学年：**全**学年　　◉ 時期：**1・2・3** 学期　　◆ 時間：**50** 分

➡リンク㉓

ねらい
- ★「役割分担の決定」に時間をかけ、しっかり行う。
- ★「準備作業計画作成」の話し合いを充実させる。
- ★共通理解と自覚を深め、準備にとりかかる体制をつくる。

準備
- □係の種類と作業内容、人数の決定（HR委員などクラスの中心が担当する）
- □上記の決定内容を示したプリント
- □役割分担や準備作業計画についての検討（各自で）

展開

5分 活動予定を説明し、役割分担のプリントとワークシートを配布する。

⬇

20分 役割分担のプリントに沿って、立候補や推薦でメンバーを決定する。

⬇

15分 役割ごとのグループに分かれてリーダー・サブリーダーを決め、続いて活動予定を決める。

⬇

10分 各グループの活動予定をすり合わせ、全体の活動予定を決める。

ポイント&アレンジ

- ●具体的なイメージを描くために図式化したり、完成予想図を作成してもよい。

- ●状況によって焦らずに時間をかけて行う（時間配分を考える）。
- ●進行はHR委員が行う。

- ●行事の当日から逆算して準備作業の手順を整理しながら検討する。

- ●全体の活動予定からグループの活動予定を微調整する。
- ●教師から注意、アドバイスをする。

係分担とスケジュールを決めよう

1 係のメンバー

リーダーに◎ サブに○	氏　　名

2 係の仕事

3 具体的な仕事内容

-
-
-
-
-

4 係の活動予定

作業日	作業内容
／　（　）	
／　（　）	
／　（　）	
／　（　）	
／　（　）	
／　（　）	
／　（　）	
／　（　）	
／　（　）	
／　（　）	
／　（　）	
／　（　）	

5 全体の活動予定

作業終了日	作業終了内容
／　（　）	
／　（　）	
／　（　）	
／　（　）	
／　（　）	
／　（　）	
／　（　）	

＿＿＿年　　　組　　　番　氏名＿＿＿＿＿＿＿＿＿＿

23

★ 使用学年：**全**学年　　◉ 時期：**1・2・3**学期　　◆ 時間：**50**分

➡リンク㉒

学校行事
これまでの活動を見直そう

ねらい

★行事は、企画・立案・実行・反省の順に展開する。
★活動途中で問題点を洗い出し、改善計画を立てる。
★完成度・満足度の高い行事を目指す。

準　備

□準備活動中に発生するトラブルの予測
□予測したトラブルに対する手直しの方法のまとめ
□トラブル発生の時点で集まって対策会議を開くことの伝達

展　開

5分 各自これまでに自分が行った活動を振り返らせる。

⬇

5分 教師がこの時点までの活動について評価し、要望等を伝える。

⬇

20分 グループで各係ごとの問題点を洗い出し、原因と対策について話し合わせる。

⬇

20分 全体で問題点を洗い出し、原因と対策について話し合わせる。

ポイント＆アレンジ

●意欲、行動、協調性等について、自己評価させる（なぜその3つの項目なのか教師から説明するとよい）。

●あまり細かな要望は避け、最後の努力を促すようにする。

●必要に応じて、他の係に対する要望もまとめて伝える。

●全員に、原因と対策について前向きに話し合うよう促す。

PLAN ⇨ DO ⇨ CHECK ⇨ ACTION！
～これまでの活動を見直そう～

本番まであと少し！ ここで一度、自分や係の活動を振り返って、改善すべきところはないか見直してみましょう。最後に、クラス全体で問題点について話し合いましょう。

1 自分の活動について、マスを塗って自己評価してみましょう

- 意欲（やる気はどのくらい？）
- 行動（努力はどのくらい？）
- 協調性（助け合い精神は？）

特に改善すべき点は左の３つのうち…　　かな

塗ったマスの合計＝　　　　個

2 グループごとに問題点を話し合いましょう

問題点①…
【原因】

【対策】
・
・

問題点②…
【原因】

【対策】
・
・

3 クラス全体の問題点

・_____

【原因】_____　　【対策】_____

・_____

【原因】_____　　【対策】_____

　　　　　年　　　組　　　番　氏名_____

24

★ 使用学年：**全**学年　　◉ 時期：**1・2・3**学期　　◆ 時間：**30＋30**分

➡リンク㉕

学校行事
行事に向けての目標と達成度

ねらい

★行事に向けてホームルーム・グループ・個人の目標をもつ。
★行事の意義、ホームルームの中での個人の役割・責任等を理解する。
★行事後、自分の活動を客観的に評価し、今後に生かす。

準　備

□適当な人数でグループ分け
□行事に向けてのホームルーム目標の設定の予告
□目標の案を背面黒板に書いておくよう指示

展　開

20分　（行事前）行事におけるホームルーム、班の目標を話し合う。

↓

10分　ワークシートの記入、回収。教師からアドバイスをする。

↓

20分　（行事後）グループごとの目標達成度を検討させる。

↓

10分　ワークシートの記入と回収。簡単なコメントをつけて返却。

ポイント＆アレンジ

●学校目標も想起させる。

●記入することで、目標を意識させる。
●グループ・個人目標は具体的になるよう指示する。
●集団の中での個人の役割を考えさせる。

●マイナス評価に偏らないよう留意させる。
●評価は委員などに集計させて発表すると、次の行事に取り組む動機付けとなる。

アレンジ

　返却をアトランダムにし、他人からの見方を書いてもらうのもよい。
　教師が記入する場合、短くても次への期待を込めた内容にする。

行事に向けての目標と達成度

行事名 _____　　月　　日

行事前に記入　　　　　　　　　　　**行事後に記入**

1　HRの目標　　　　　　→　　目標達成度は？
　　　　　　　　　　　　　　　（　5　4　3　2　1　）

　　　　　　　　　　　　　　感想・クラスの仲間へひとこと

2　グループの目標　　　　→　　目標達成度は？
　　　　　　　　　　　　　　　（　5　4　3　2　1　）

　　　　　　　　　　　　　　感想・グループの仲間へひとこと

3　個人の目標　　　　　　→　　目標達成度は？
　　　　　　　　　　　　　　　（　5　4　3　2　1　）

　　　　　　　　　　　　　　感想・あなたの満足度は？

4　担任からのアドバイス　　　　　5　担任からのコメント

　　　年　　　組　　　番　氏名

25 学校行事
行事を振り返って

★ 使用学年：**全**学年　　◉ 時期：**1・2・3**学期　　◆ 時間：**50**分

➡リンク㉔㉖

ねらい

★ホームルーム目標と照らし合わせ、完成度を客観的に評価する。
★クラスの中で自分がどのような役割を果たせたのか、振り返る。
★クラスの連帯感を意識できたか、振り返る。

準　備

☐ワークシートの配布と記入
☐グループ討議の進行係・記録係・発表係を決めておく。

展　開

5分 本時のねらいと進め方を説明する。

15分 グループ討議で、ホームルーム目標に対する評価をする。

25分 グループ討議で、班の仲間の頑張りを評価する。

5分 まとめ

ポイント＆アレンジ

●行事の感想と、教師からの評価を伝える。
●表彰結果等に教師が左右されてはいけない。できたこと、失敗したことを客観的に伝え、今後に期待する部分も語りたい。
●完成度の高さだけを評価せず、「これだけやった」という部分を探したい。

●仲間への信頼につながる大切な時間になるので、なるべく多くの時間を割きたい。

●授業では見えない生徒の能力も見えたはず。各自にフィードバックし、成長を促したい。

●各リーダーたちへのねぎらいも伝えたい。

行事を振り返って

1 行事の取り組み（自己採点表）
　自分はどれだけやったか、5段階で評価してみましょう。

　　①参加への意欲
　　②自分の役割の達成度
　　③仲間との協力度
　　④行事全体の完成度
　　⑤行事の満足度

（レーダーチャート：意欲・役割の達成度・協力度・完成度・満足度）

2 行事全体を振り返って
　①楽しかったこと・難しかったことは何ですか？　　②それはHR目標からみてどうですか？

3 発見！　友達・自分のこんな頑張り、あんな活躍
　　①友達　　　　　　　　　　　　　　②自分

4 経験を生かそう！
　　①行事を通して得たものは？　　　　②これからの学校生活にどう生かしますか？

　　　年　　　組　　　番　氏名

26 学校行事
行事を終えてメッセージ交換

★ 使用学年：**全**学年　◉ 時期：**1・2・3**学期　◆ 時間：**50分＋50分**)

➡ リンク㉕

ねらい
★行事後、面と向かって言えなかった感謝の言葉を伝え合う。
★ホームルームの友達の自分への思いを知ることで、自己肯定感を高める。

準備
□人数分の台紙（首から下げられるようにひもを付けておく）
□1人8枚程度の大きめの付箋

展開

5分 ねらいと付箋の使い方を説明する。

↓

30分 1人8枚程度付箋を渡してメッセージを書かせる。

↓

5分 各自、台紙を首に掛けて背中側に下げさせる。一斉に動いて、それぞれの背中の台紙に貼る。

↓

10分 一斉に背中のメッセージを読み「メッセージを読んで」に記入する。

ポイント&アレンジ

●「日ごろつきあいのない、自分のグループの人以外に向かって感謝のメッセージを書く」と対象を明確にする。
●付箋はハート型などあればなおよい。

●書いた内容に責任をもたせるために、必ず自分の名前と相手の名前を書かせる。

●足りないという生徒には追加を渡す。
●書かせている間BGMとして優しいオルゴールの曲などを流すのもよい。心穏やかに相手を思い、感謝の言葉を考えさせる。

●感謝のメッセージをもらえそうもない生徒には、教師が書く。

●貼り終わっても、勝手に背中のメッセージを読ませない。

●じっくりメッセージを読む時間を設けた後、右のワークシートを配布する。

行事を終えてメッセージ交換

メッセージを読んで

1 今のあなたの気持ちや感じていることを3つの言葉で表してみると…
   { 　　　　　　 }{ 　　　　　　　 }{ 　　　　　　 }

2 今日の活動を通じて、あなたの気付いたこと、考えたことを書いてください。
   _____
   _____
   _____
   _____

3 勇気を出して、あなたもあなた自身をほめてみましょう。
   私は、私が好きです。
   なぜならば
   (　　　　　　　　　　　　　　　　　　　　　　　　　　　　　　　)
   　　　　　　　　　　　　　　　　　　　　　　　　　だからです。

   　　年　　　組　　　番　氏名_____

メッセージを読んで

1 今のあなたの気持ちや感じていることを3つの言葉で表してみると…
   { 　　　　　　 }{ 　　　　　　　 }{ 　　　　　　 }

2 今日の活動を通じて、あなたの気付いたこと、考えたことを書いてください。
   _____
   _____
   _____
   _____

3 勇気を出して、あなたもあなた自身をほめてみましょう。
   私は、私が好きです。
   なぜならば
   (　　　　　　　　　　　　　　　　　　　　　　　　　　　　　　　)
   　　　　　　　　　　　　　　　　　　　　　　　　　だからです。

   　　年　　　組　　　番　氏名_____

コラム

文化祭企画アイデア集──② （P46のつづき）

③身体を使ってパフォーマンス！
【演劇】
・ステージ
　ミュージカル、歌舞伎など派手にいきたい。決め手は練習量と衣装。
・教室劇
　客席と近く迫力がある。1日に2、3回の上演が可能なので、ダブル・トリプルキャストにすればクラス全員が出演者に。
・屋外劇
　明るいムードで気楽に見られる。雨天対策を忘れずに。
・人形劇
　人は登場しないので、内気な生徒でもOK。
・影絵
　身振りや表情で感情が伝えられない難しさがある。
【映画】
　8ミリ、ビデオ、スライドなども含む。準備を早めにしておけば、当日はPRに専念することができる。研究発表にも利用できる。
【音楽・ショー】
・合唱、ボディーパーカッション、ストンプなど
　クラス全員参加できる。間にパフォーマンスを入れたり、演劇仕立てにすることも可能。身近な生活用品を楽器にしてしまうストンプは、工夫の余地があって面白い。
・たいこ
　打楽器は、技術がなくてもさまになるので、短期間でもチャレンジできる。お祭りムードも盛り上がる。

・仮装行列
　文化祭のPRや活気を出して盛り上げるために。先生にも面白い衣装を着せてしまおう！
・御輿
　校外に出て、練り歩く。学校のPRもかねて。
・何でもランキング
　音楽だけでなく、貸し出し図書人気ベストテンや、売店人気メニューベストテンなど工夫はさまざま。

④みんなで楽しく遊ぼう！
【ゲーム・遊び】
　広い空間を最大限に利用して、スケールの大きい遊びを楽しもう！
・人間モグラたたき
　大きなセットで。たたく人も走り回る。
・特大すごろく
　自分が駒になる。さいころも巨大なものに。
・人間競馬レース
　2人1組で馬となり、順位を予想してもらう。
・巨大百人一首／カルタ
　大きな札を作って校庭に並べる。
・体力測定
　にらめっこしながらの「肺活量」など、工夫して。
・ギネスに挑戦！
　個人向き（1円玉を何個積めるか）
　団体向き（何人同時に縄跳びができるか）

（北條）

学習を見直す

学校では、教科の学習と特別活動（ホームルーム活動・生徒会活動・学校行事）が行われています。その中でも、学校生活で多くを占めるのは、やはり学習の時間です。

学習を通して、生徒は学力だけでなく、さまざまな資質・能力を身に付けていきます。

学力向上のためには、家庭学習の習慣づくりや授業態度の改善、定期考査の準備・振り返りを行うことが重要です。

これらのことをホームルーム活動の中で行えるようなワークシートを作りました。

27 学習

★ 使用学年：**全**学年　◉ 時期：**1**学期　◆ 時間：**50**分

授業態度チェックシート

ねらい
★授業に落ち着いた雰囲気をつくる。
★静かに授業を受けることは、当然であることを理解する。

準 備
□椅子と机の移動（対面の状態にして、話し合いやすくする）
□模造紙・マジック（班の意見を集約させて発表する）

展 開

5分 各自、ワークシートに記入する。

↓

15分 班でつくり、ワークシートを見ながら、それぞれの評価について意見交換をする。

↓

10分 各班の代表者が教室の前に出て、班で集約された意見を発表する。

↓

15分 各班から出された意見を聞いて、再度、班で改善策を討議する。

↓

5分 教師がまとめる。

ポイント&アレンジ

●自分の授業態度を客観的に確認させる。

●司会と記録者を決めさせてから開始する。
●班の意見を集約させて発表させる。

●自分たちの班の意見と比較させる。

●どうしたら改善できるのか、前向きに討議させる。

●教師のまとめに対する意見を聞くことも大切。

授業態度チェックシート

1 自分自身の授業態度について振り返り、「できている」ことにチェックしましょう。
   - ☐ チャイム着席を守っている。
   - ☐ 教科書・筆記用具等は忘れずに持ってくる。
   - ☐ 宿題や課題は必ずやってきて提出している。
   - ☐ 授業中は、静かに先生の話を聞いている。
   - ☐ 授業中、友達とおしゃべりはしない。
   - ☐ 板書事項は、必ずノートに書き写している。
   - ☐ 配布プリントは、なくさないように保存している。
   - ☐ 得意・不得意に関係なく、どの授業もまじめに受けている。
   - ☐ 教室移動は、休み時間のうちに行っている。
   - ☐ わからないところは、先生に質問している。
       →1つのチェック＝10点として、合計点を記入しましょう。

                                         自己評価　　　　点

2 チェックシートを見ながら、それぞれの評価について意見交換をしましょう。
   ・
   ・
   ・
   ・
   ・

3 ほかの班から出た意見を書きましょう。
   ・
   ・
   ・
   ・
   ・

4 もう一度、班でどうしたら改善できるのか意見交換をしましょう。
   ・
   ・
   ・
   ・
   ・

　　　年　　　組　　　番　氏名

28

学習

不得意科目を克服！

★ 使用学年：**2**年生　◉ 時期：**2**学期　◆ 時間：**50**分

ねらい
★自発的な学習意欲を高める。
★客観的な資料により学習意欲を高める。
★苦手・不得意科目にも意欲的に取り組む。

準 備
□客観的な資料として、1学期の成績（通知表の写し等）
□卒業生の進路状況を示す資料

展 開

5分 1学期の通知表のコピーを配布して、自分の成績を確認させる。

10分 成績を見ながら、各自ワークシートに記入する。

20分 班をつくり、それぞれの得意科目について交流する。

15分 ワークシートを見ながら、結果について再確認させる。

ポイント&アレンジ

●特に苦手な科目に注目させる。

●各教科の得意・不得意の理由や、苦手な科目の成績を上げる方策について考えさせる。

●どんな学習方法で効果が出たか等を交流する。
●特に勉強しないのに点数が良いという場合もある。そのヒントをクラスメイトから得る。

●得意科目をさらに向上させる方策・不得意科目を克服する方法について一緒に考える。

アレンジ
あらかじめワークシートに記入させ、個人面談を行っておくとよい。

不得意科目を克服！

1　いままでの自分の学習について、チェックしましょう。
　□　いままでに、自分で学習計画を立てて実行したことがある。
　□　もっと勉強してわかるように（できるように）なりたいと思ったことがある。
　□　勉強でわからないことやできないことを、自分なりに解決したことがある。
　□　勉強について友達に聞いたり、教えたりしたことがある。
　□　楽しみながら勉強をしたことがある。
　□　努力して、テストの点数が上がったことがある。
　□　予習・復習をきちんとやって、授業にも積極的に取り組んでいる。
　□　定期考査前には、学習計画を立てて、試験勉強を行っている。
　□　親や先生から「勉強しろ」と言われなくても、自分から勉強している。
　□　勉強することは大切であると考えて、実行している。

2　あなたの得意な科目は何ですか？　その理由は何だと思いますか。
　　得意な科目＝＿＿＿＿＿＿＿＿＿＿＿＿＿＿＿
　【理由】

3　あなたの苦手な科目は何ですか？　その理由は何だと思いますか。
　　苦手な科目＝＿＿＿＿＿＿＿＿＿＿＿＿＿＿＿
　【理由】

4　得意な科目をさらに向上させるにはどうしたらよいでしょう。

5　苦手な科目を克服するにはどうしたらよいでしょう。

＿＿＿＿＿年　＿＿＿＿組　＿＿＿＿番　氏名＿＿＿＿＿＿＿＿＿＿＿＿＿＿＿＿

29

学習

★ 使用学年：**全学年**　　◉ 時期：**1・2・3学期**　　◆ 時間：**10分**

➡リンク㉚

1週間の家庭学習を点検してみよう

ねらい

★考査前に自分の生活を見直すことで、学習時間を探し出す。
★教師が生徒の学習習慣を把握し、スキマ時間の利用等をアドバイスする。
★朝のSHRを利用して前夜の振り返りをすることで、落ち着いた気持ちで朝をスタートさせる。

準備

☐コメントが記入できない日は、検印のスタンプ等
☐家庭学習点検表（考査のための学習の動機付けに利用する場合は、考査初日の前夜までが記入できるようにあらかじめ日付を入れておく）

展開

5分 家庭学習点検表のねらいについて説明する。

⬇

5分 前夜の学習状況を記入させた後、その場で一斉に回収する。

ポイント&アレンジ

●生活のなかの学習時間を探すためのもので、生徒のプライベートを覗くためではないことを明言し、正直に書くよう伝える。

●記入した内容を取り上げて注意しない。「全然勉強していないじゃないか！」「この空白の時間は何だ。帰宅時間が遅過ぎはしないか！」といった指摘をすると、生徒は正直に書かなくなる。

●学習時間の記入については、「数学」ではなく、「数学のトライアル問題集」というように、なるべく詳しく書かせる。

●学習内容に教科による片寄りはないか、夕食前などの時間を有効利用しているか、など教師なりのポイントを決めて毎日確認する。

アレンジ

点検表は表裏に印刷し、2週間分にするとよい。

家庭学習点検表

曜日	時間軸																	時間	今日のコメント
時 / (月)	8	9	10	11	12	13	14	15	16	17	18	19	20	21	22	23	24	時間 h	今日のコメント
時 / (火)	8	9	10	11	12	13	14	15	16	17	18	19	20	21	22	23	24	時間 h	今日のコメント
時 / (水)	8	9	10	11	12	13	14	15	16	17	18	19	20	21	22	23	24	時間 h	今日のコメント
時 / (木)	8	9	10	11	12	13	14	15	16	17	18	19	20	21	22	23	24	時間 h	今日のコメント
時 / (金)	8	9	10	11	12	13	14	15	16	17	18	19	20	21	22	23	24	時間 h	今日のコメント
時 / (土)	8	9	10	11	12	13	14	15	16	17	18	19	20	21	22	23	24	時間 h	今日のコメント
時 / (日)	8	9	10	11	12	13	14	15	16	17	18	19	20	21	22	23	24	時間 h	今日のコメント

* 考査前の学習時間の目安は、平日 学年＋2h、休日（学年＋2）×2h

年　　組　　番　氏名　　　　　　　　

保護者コメント or 確認印　　　　担任印

30 学習

学習時間記録シート

★ 使用学年：**全**学年　◉ **1**学期　◆ 時間：**15**分

➡リンク㉙

ねらい

★新学年が始まってからの学習態度を振り返る。
★生活全般を見直し、学習習慣・生活習慣の確立を目指す。
★学習面の新たな目標を立てる。

準備

□「家庭学習点検表」の返却
□取り組み期間の設定
□可能なら個人面談・個人指導期間の設定

展開

5分
「学習時間記録シート」の目標学習時間のラインをマーカーでひく。
「家庭学習点検表」を見ながら前日までの1週間の学習時間を記入する。

⬇

10分
ワークシートに、1週間を振り返ってのコメントを記入して提出する。

ポイント＆アレンジ

●一斉に記入させれば生徒の負担感は減る。

●急に生活習慣を変えるのは非常に難しい。実現可能性のある目標設定を指導する。

●目標時間と実学習時間の違いが明確になる。次週につながる目標を見つけさせたい。

学習時間記録シート

学習時間																					
5																					
4.5																					
4																					
3.5																					
3																					
2.5																					
2																					
1.5																					
1																					
0.5																					
日付	/	/	/	/	/	/	/	/	/	/	/	/	/	/	/	/	/	/	/	/	/
曜日	水	木	金	土	日	月	火	水	木	金	土	日	月	火	水	木	金	土	日	月	火

〈今週を振り返って〉　担任印　　〈今週を振り返って〉　担任印　　〈今週を振り返って〉　担任印

① 目標学習時間のラインにマーカーでマーク
② 実際の学習時間(塾での学習時間も含む)を別の色のマーカーで塗り、棒グラフにする

年　　　組　　　番　氏名

31

★ 使用学年：**1**年生　　◉ 時期：**1・2・3**学期　　◆ 時間：**50**分

➡ リンク㉜㉝

学習
定期考査に備えて情報交換

ねらい

★ホームルーム全体で考査に意欲的に取り組む雰囲気をつくる。
★考査をきっかけとして、各自の学習習慣を見直し、学習計画を立てる。

準　備

☐考査の範囲一覧表（学習係等に確認させ、まとめさせる）

展　開

5分 考査は個人の活動でありながら、ホームルーム全体で取り組むべきであることを確認する。

15分 学習係を中心に、考査の範囲を確認させる。

20分 5〜6人の班をつくり、教科・科目ごとの考査準備のお勧めポイントを発表し合う。

10分 知り得た情報を盛り込んで、各自ワークシートを完成させる。

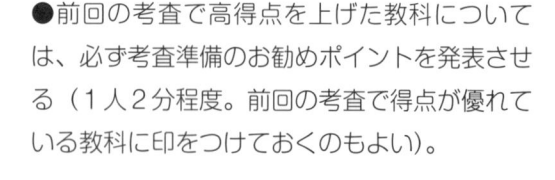

ポイント＆アレンジ

●絶対評価の基礎資料になる考査は競争ではなく、授業で学んだことの確認であり、互いに弱点を補強し合うことで、ホームルーム全体の学習意欲が高まるよう工夫する。

●学習係は考査の範囲をプリントにまとめたり、背面黒板に整理したりしてわかりやすく提示する。

●前回の考査で高得点を上げた教科については、必ず考査準備のお勧めポイントを発表させる（1人2分程度。前回の考査で得点が優れている教科に印をつけておくのもよい）。

●時間があれば、メンバーを変えて同じ活動を実施する。少しでも多くの生徒と学習方法の情報交換ができるようする。

定期考査に備えて情報交換

科 目			
試験範囲			
取り組みのポイント			
これはやりたいと思っていること			

科 目			
試験範囲			
取り組みのポイント			
これはやりたいと思っていること			

年　　　組　　　番　氏名

32

★使用学年：**2・3**年生　◉時期：**1・2・3**学期　◆時間：**50**分

➡リンク㉛㉝

学習
定期考査の進度チェック表

ねらい

★考査前（2週間前）に、誰もが意欲的に学習に取り組めるよう具体的な取り組みを考える。
★定期的に進捗状況を確認し、学習についての教科の偏りをなくす。

準備

□考査の範囲一覧表（学習係等に確認させ、まとめさせる）

展開

15分 活動のねらいを説明する。勉強の仕方がわからないという生徒のために、基本的な学習の仕方を提示する。

35分 各教科の進捗状況に応じて、△・○・◎などの印を書き加えていく。

ポイント＆アレンジ

●「取り組みたい学習内容」は、LHRで共有した学習法や各自が個人的に取り組みたいと考えている学習内容を記入する。また、「教科書を読む」ではなく、「教科書の音読を毎日2回は実施する」というように具体的に書かせるのがポイント。

●週末や1週間ごとに、改めてワークシートを配布し、学習内容ごとの進度を見直させる。
●このチェック表を使って定期的に学習内容の進捗状況を見直させることが特に大切である。

アレンジ

生徒の実態に応じて、㉛「定期考査に備えて情報交換」と組み合わせた活動も可能である。

定期考査の進度チェック表

考査前に終わる見込みの立っていること …◎
すでに手が着いていること …○
手は着いているが終わる見込みが厳しいこと …△
まだ手が着いていないこと …×

必ず取り組みたいことには●

教科	取り組みたい・取り組むべき学習内容	●	進度	教科	取り組みたい・取り組むべき学習内容	●	進度
英語Ⅱ	試験範囲を確認し、範囲のノートもすべて埋まっている。						
	範囲内のすべての単語について、正しい発音・アクセントで読める。						
	範囲内のすべての単語について、意味が言える。						
	範囲内の単語、熟語が書ける。						
	範囲内の教科書の本文がスラスラ音読できる。						
	教科書の本文を訳せるし、意味もわかっている。						
	教師が強調して説明した英文がしっかり理解できている。						
	新しい文法事項を理解し、教科書の例文を覚えている。						
	各レッスンの終わりにある練習問題が解ける。						
自分独自の取り組み				自分独自の取り組み			

教科	取り組みたい・取り組むべき学習内容	●	進度	教科	取り組みたい・取り組むべき学習内容	●	進度

年　　　組　　　番　氏名

33

★ 使用学年：**全**学年　◉ 時期：**1・2・3**学期　◆ 時間：**50**分

➡ リンク ㉛㉜

学習
定期考査の振り返り

ねらい

★定期考査終了後、努力の成果を確認する。
★定期考査の準備・結果・課題を分析する。
★次回の定期考査に向けて、目標・実践方法を考える。
★授業態度や家庭学習について見直す。

準　備

☐定期考査の結果一覧表
☐教科担当者からのコメント
☐「定期考査の進度チェック表」

展　開

10分 各教科担当者からのコメントを話す。

↓

5分 「定期考査の進度チェック表」と定期考査の結果一覧表を配布する。

↓

20分 ワークシートに記入する。

↓

15分 次回の定期考査に向けて、目標や学習の実践方法を考えて記入する。

ポイント＆アレンジ

●例として、
・国語「漢字の書きとりはよくできていたが、古文は低調だった」
・数学「二次方程式はよくできていた」
・英語「和訳は点がとれている人が多いが、文法問題ができていなかった」　等。

●定期考査結果一覧表を参考に、記入する。
●期待通りの結果が得られなかった場合、原因を探らせる。
●今後の準備態勢が確立できるよう、学習方法の課題と改善策を明記する。

●具体的な計画を立て、達成できる目標を設定させる。
●記入したワークシートを回収し、後日個人面談を行う際の資料に使う。

定期考査の振り返り

1 定期考査の結果（教科名・得点を記入）

良かった教科

まずまずの教科

不振だった教科

2 各教科の課題

教 科 名	原 因 ・ 課 題 と 改 善 策

3 準備状況の反省点

家庭学習の状況（学習時間、学習計画の達成度など）

学校での学習状況（授業態度、宿題の提出状況など）

4 次回の目標と実践方法

教科名と目標得点	目標達成への実践方法
（　　　　点）	
（　　　　点）	
（　　　　点）	
（　　　　点）	

　　　年　　　　組　　　番　氏名

34 学習

★ 使用学年：**3**年生　●時期：**1・2**学期　◆時間：**50**分

➡リンク㊼㊳

受験する学校について調べよう

ねらい
★受験体制づくりを行う。
★生徒自身が自らの進路を開拓する。

準 備
□大学受験雑誌や情報誌による情報収集
□1・2年次の成績等の調査（教師が行う）

展 開

25分　受験に共通して必要な指導をしたのち、ワークシートの記入方法について説明する。

10分　ワークシートに記入させる。

10分　記入が終わったところで、教師が例を示して説明する。

5分　必要に応じて、保護者を交えた三者面談、教師と生徒との二者面談を行う旨を伝える。

ポイント＆アレンジ

●共通点の指導（受験は個人で行う事柄であるが、共通点も多い）を行う。
　例えば、受験方法の種類、出願の時期・方法等。

●机間巡視しながら、記入の様子を見る。
●不明な点はその旨記入させる。
●4月の段階なら、今後何度か変更することもある。9月の段階なら、この方向で決定する。

●受験雑誌等を参考にしながら説明する。

●理系・文型の選択は、慎重に行う必要がある。特に経済学部を選択する場合、数学が必要なこともあるので注意したい。

アレンジ
　4月と9月の2度にわたって実施し、二者面談または三者面談を計画する。

受験する学校について調べよう

1　あなたは将来、どのような職業に就きたいと考えていますか。

_____

2　その職業につく際に、必要な資格はありますか。

_____

3　あなたは現在、受験する大学や専門学校が決まっていますか。また、希望する学部や学科はありますか。決まっている場合は、以下に記入しましょう。

　　　ア　決まっていない

　　　イ　決まっている

　　_____大学（専門学校）　　_____学部（学科）

4　希望する受験方法はありますか。

　　　ア　一般受験

　　　イ　推薦で受験（指定校推薦・AO入試・自己推薦・その他）

5　学校案内や募集要項を見ながら、記入しましょう。

学校名		試験日	
募集人員		試験科目	
出願期間		発表日	

　　　　年　　　　組　　　番　氏名_____　　　　年　　月　　日

コラム

話し合いの種類
話し合う内容によって方法を工夫すると効果的！

話し合い方法	適する話し合いテーマの例
①バズ・セッション	「どんなHRにしたいか」
②ブレインストーミング	「文化祭の企画・体育祭の学年種目」
③ディベート	「修学旅行は制服か否か」
④フォーラム	「支援団体代表者による路上生活者支援について」
⑤パネル・ディスカッション	「企業が求める人材について各社の人事担当者より」
⑥シンポジウム	「進路の決定した3年生による私の受験勉強法」
⑦ミーティング	「文化祭の担当ごとの進行状況の確認」

■話し合いの方法

①バズ・セッション
　集団討議のことで、小グループ（5～6人）に分かれて行う。必要に応じて、グループの代表者の話し合いに切り換えたり、グループごとの結論を代表者に全員の前で発表してもらったりする。

②ブレインストーミング（BS法）
　アイデアをたくさん出して、その中から有効なものを選び、問題解決に役立てる。創造的な考え方を追求することと、批判的な考え方で評価・集約することの2段階からなる。

③ディベート
　ある論題について、代表者もしくは全員が賛成派と反対派に分かれ、対決的に議論し合う。最後に何らかの形で判定する。

④フォーラム
　専門家が参加者に対して見解を述べたのち、質疑―応答の形式で討論する公開討論会をいう。

⑤パネル・ディスカッション
　数名のパネラーが課題に沿って全員の前で自由に発言、反論し、ディスカッションを行った後、公開討論に入っていく。

⑥シンポジウム
　複数の専門家が、それぞれの専門的立場から、順番と発言時間を定めて意見を述べる。それを2回、3回と繰り返して問題点を明確にさせていく。

⑦ミーティング
　情報交換や打ち合わせのためのちょっとした集まりのこと。問題に気がついたり、連絡が密になったり、コミュニケーションが円滑化することが多く、わずかな時間で行える。

（鈴木）

自分の生活を見直す

特別活動は、「望ましい集団活動」を通じて行うことが求められています。しかし、集団活動を行う前に、個人としての生活があります。基本的な生活習慣が確立できているか、高校生としてふさわしい生活を送っているか、問題行動を行っていないかなど、生徒個人の生活について考えさせることが大切です。生徒一人ひとりを育てながら、集団を育てるようなワークシートを作りました。

35
生活
学校生活マニアッククイズ

★ 使用学年：**1年生**　　◉ 時期：年度初め　　◆ 時間：**50分**

ねらい
★ 高校生活の基本事項やルールをクイズ形式で学ぶ。
★ グループ活動することで交流の機会となる。

準 備
□ 予告（各自で学校生活に関するクイズを考え、グループごとに精査し、答えも確認した上で提出するように）
□ 教師も問題を加えて20題にする。
□ 各グループに紙＋マジック＋○×の札（グループ数分。割り箸と厚紙で作り、裏表に○×を書く。）
□ タイマー

展 開

2分 ねらいとクイズの進め方を確認する。

3分 クイズを考えた5〜6人のチームに分かれる。紙＋マジック等を配布。

40分 司会が中心になり、クイズを実施する。

5分 集計結果を発表する。

ポイント＆アレンジ

● ホームルーム委員等が司会（1名）、記録係（2名）を担当する。
● 司会がクイズを読み上げ、すぐにタイマーをセットする。回答時間は1分。
● タイマーが鳴ったら一斉に答えを出す。記録係が各チームの答えを記入する。
● 司会が正解を伝える。

● 問題例：生徒手帳等を参考に学校生活に必要な基本的情報をクイズにします。
Q1　災害時のルールについての問題です。本校では6時に警報が出ていたら登校は11時になる、○か×か？
Q2　体育着のネームは学年ごとに色分けされています。1年は赤、では3年は？
Q3　お昼のパン屋さんが開く時間は何時から何時？
Q4　副担の先生のフルネームはズバリ？

学校生活マニアッククイズ 記録表

担当者（　　　　　　　）

班長名 ／ 正解	Q1	Q2	Q3	Q4	Q5	Q6	Q7	Q8	Q9	Q10	小計
鈴木一郎 班											

班長名 ／ 正解	Q11	Q12	Q13	Q14	Q15	Q16	Q17	Q18	Q19	Q20	合計
鈴木一郎 班											

1　記録係の注意点

　①1人で3グループ担当します。各チームの答えを記入して最後に採点し、〇の数を合計します。

　②各チームの回答者には、合図を決めておいて記録係が記入し終わるまで紙・札等は下げないように依頼しておきましょう。

2　司会者の注意点

　①タイマーを持ち、制限時間以内に回答するよう指示します。制限時間を過ぎて回答したチームは採点に加えないことを宣言します。

　②記録係の記入が終わるまで次のクイズに進まないようにします。

36

★ 使用学年：**全**学年　◉ 時期：**1・2・3**学期　◆ 時間：**50**分

生活

生活チェックシート

ねらい

★時間や服装、校則など、守るべきルールを確認し、自分自身の現状を見つめ直す。
★乱れている場合には、改善策を考える。

準　備

☐生徒手帳またはその抜粋など、守るべきルールの根拠
☐必要に応じて、遅刻の統計などの具体的な資料

展　開

10分 生徒手帳を読ませ、校内のルール（特に時間や服装など）について確認する。

25分 チェックシートを用いて、現状の自己理解を深め、改善すべき点を挙げ、どうすればよいかを考えさせる。

15分 教師が一通り目を通してから、本来あるべき姿・生活について指導を行う。

ポイント＆アレンジ

●音読させるのも一つの手である。

●その場でできるようなら、いくつかの改善点について生徒同士に話し合わせてみる。

アレンジ
　チェックシートを集約してグラフ等にまとめ、後日配布して話し合いの場を設けるのもよい。

生活チェックシート

1 日常生活編
①普段の勉強時間は？　　　　　　　　　　　　　　　　　　　　　　　　　＿＿＿＿時間
②普段の就寝時刻及び睡眠時間は？　就寝時刻→＿＿＿＿時　睡眠時間→＿＿＿＿時間
③普段の起床時刻は？　　　　　　　　　　　　　　　　　　　　　　　　　＿＿＿＿時
④普段の登校時、家を出る時刻及び学校到着時刻は？
　　　　　　　　　　　　　家を出る時刻→＿＿＿＿時　到着時刻→＿＿＿＿時
⑤通学手段と所要時間は？　手段→＿＿＿＿　　　　所要時間→＿＿＿＿分

2 健康編
　次の項目について、そう思う→5、ややそう思う→4、どちらとも言えない→3、あまりそう思わない→2、そう思わない→1を記入しましょう。

①体がすぐだるくなる　　　　　　　　　　（　）
②よく立ちくらみがする　　　　　　　　　（　）
③すぐ横になったり、しゃがみ込んだりする　（　）
④授業中よく居眠りをする　　　　　　　　（　）
⑤集中力がない、続かない　　　　　　　　（　）
⑥朝なかなか起きられない　　　　　　　　（　）
⑦夜なかなか寝られない　　　　　　　　　（　）
⑧よく下痢、便秘になる　　　　　　　　　（　）
⑨よく頭痛がする　　　　　　　　　　　　（　）
⑩よく腹痛がする　　　　　　　　　　　　（　）
⑪体育の授業以外はほとんど運動しない　　（　）
⑫イライラすることが多い　　　　　　　　（　）
⑬学校のことを考えると憂鬱になる　　　　（　）
⑭人に会うのが面倒　　　　　　　　　　　（　）
⑮何をしてもつまらなく感じる、意欲がない　（　）
⑯何となく不安や焦りを感じる　　　　　　（　）　合計＿＿＿＿点

＊①～⑯で記入した数字を足してみましょう。
　・70以上の人→早急に生活を見直し、改善しましょう。
　・45～69の人→改善点は多いはず。改善する努力をしましょう。
　・20～44の人→まあまあです。でも油断は禁物、改善すべき点は心がけましょう。
　・19以下の人→健康状態は良好のようです。この状態を維持しましょう。

◎自分の生活を振り返ってみて感じたことを書いてみましょう。

＿＿＿＿年　＿＿＿＿組　＿＿＿＿番　氏名＿＿＿＿＿＿＿＿＿＿

37

★ 使用学年：**全**学年　◉ 時期：**1・2・3**学期　◆ 時間：**50**分

生活
24時間をどうやって使うか？

ねらい

★1日の使い方を振り返り、時間を有効に使う手立てを考える。
★スキマ時間の有効な使い方について考える。
★生活の目標を決め、目標に到達できるようにするための時間の使い方を考える。

準 備

□教師自身または成功した先輩の時間の使い方の見本
□予告（ワークシートの内容と、誰にも平等に与えられている24時間を有効に使う手立てについて各自で考えておくように）

展 開

5分　ワークシートの記入方法について説明する。

20分　ワークシートに、前日の行動について時間を追って記入する。

15分　質問事項と、本日の授業を受けてのまとめを記入する。

10分　まとめを発表する。

ポイント＆アレンジ

●時間を有効に使う方法について考えさせる。
●例として教師や難関校に合格した先輩などの時間の使い方を伝える。

●その行動の重要度についてABCで評価させる。
●予想しなかった事態についての行動とその原因を考えさせる。

●時間の使い方についてプライバシーに配慮して、発表させる。

24時間をどうやって使うか？

1 昨日の過ごし方について、行動内容、予定の有無（○・×）、重要度、予定外の行動の原因を記入しましょう。
　　※重要度はA：大変重要　B：ふつう　C：あまり重要ではない

時間	行 動 内 容	予定有	予定無	重要度	予定外の行動をしてしまった場合その原因
0:00				A・B・C	
1:00				A・B・C	
2:00				A・B・C	
3:00				A・B・C	
4:00				A・B・C	
5:00				A・B・C	
6:00				A・B・C	
7:00				A・B・C	
8:00				A・B・C	
9:00				A・B・C	
10:00				A・B・C	
11:00				A・B・C	
12:00				A・B・C	
13:00				A・B・C	
14:00				A・B・C	
15:00				A・B・C	
16:00				A・B・C	
17:00				A・B・C	
18:00				A・B・C	
19:00				A・B・C	
20:00				A・B・C	
21:00				A・B・C	
22:00				A・B・C	
23:00				A・B・C	

2 昨日の行動を振り返り、以下の質問事項に答えましょう。

1	順調にできた行動：
2	低調だった行動：
3	行動の中で省いてもよかったこと：
4	行動の中で時間が足りなかったこと：

3 本日のまとめ

①スキマ時間の有効な使い方について考えましょう。

②明日以降、時間を有効活用するためにできることは何だと思いますか。

38

生活
遅刻に関するアンケート

★ 使用学年：**全**学年　　◉ 時期：**1・2・3**学期　　◆ 時間：**50**分

ねらい

★朝、生徒全員が教室に揃って、1日を始めることの重要性を理解する。
★遅刻をしないで生活を送る能力は、自己管理能力の一つであることを理解する。
★時間を守る国民性と、時間厳守の重要性を実感する。

準備

☐クラス・学校全体の遅刻状況一覧（カレンダーに遅刻者数を記入したもの）
☐模造紙、マジック

展開

10分 ワークシートの記入方法について説明し、1〜4に記入させる。

20分 班をつくり、各自が記入した遅刻に関する意識や改善策について話し合い、模造紙に書く。

10分 話し合った結果と個人の感想を5・6に記入する。

10分 各班で話し合ったことを、代表者が前に出て発表する。

ポイント&アレンジ

●自分自身の遅刻の状況について答えさせる。
●遅刻に対する生徒の意識を明確にする。

●班をつくるときに、併せて司会者、記録者、発表者を決める。
●各自が記入した遅刻に関する意識や改善策について一人ひとり発表する。
●自分と異なる意見について、質問や意見交換をする。

●遅刻に対する多様な考え方があることに気付かせる。

遅刻に関するアンケート

1 あなたは、遅刻をすることがありますか。
 ア　よく遅刻をする(週2回以上遅刻する)。
 イ　たまに遅刻をする(週1回程度遅刻する)。
 ウ　ほとんど遅刻はしない(年数回程度遅刻する)。
 エ　遅刻はしない。

①遅刻する理由は何ですか。＿＿＿＿＿＿＿＿＿＿＿＿＿＿＿＿＿＿＿＿＿＿＿

②平均何分くらい遅れて登校しますか。＿＿＿＿＿＿分くらい

2 あなたは、遅刻をすることに対して、どのように考えますか(複数解答可)。
 ア　遅刻は個人の問題だから、先生がうるさく言うのはやめてほしい。
 イ　遅刻をしたからといって、誰かに迷惑をかけるわけではないと思う。
 ウ　遅刻して教室に入ってくる生徒がいると、授業が中断して迷惑だ。
 エ　時間を守ることは重要だから、遅刻はしないほうがよい。
 オ　遅刻すれば、本人が不利になるだけだから、自分には関係ない。

3 遅刻状況一覧を見ると、遅刻が多いクラスだと言えますが、改善策を考えてください。

4 学校全体として遅刻が多いのが現状です。何か改善策はありますか。

5 1～4について、班で話し合い、その結果をまとめてください。

6 あなた個人の感想と班で考えたことでは違いがありましたか。あれば簡単に説明してください。

＿＿＿年　　＿＿＿組　　＿＿＿番　氏名＿＿＿＿＿＿＿＿＿＿＿＿

39

★使用学年：**全**学年　◉時期：**1**学期　◆時間：**50**分

➡リンク❹

生活
夏休みの生活プラン

ねらい

★やりたいことを明確にし、充実した夏休みを送る。
★学習の目標を立て、実行の意欲をもつ。
★夏休みの時間の使い方について見通しをもつ。

準 備

□予告（夏休みの予定や学習すべきことを書き出しておくように）
□各教科の宿題一覧

展 開

5分 教師自身の夏休みの思い出などを話す。

↓

5分 ワークシートを配布し、記入方法について説明する。

↓

20分 プランづくり

↓

10分 書いた内容を互いに共有する。

↓

10分 さらに見直し、書き直し・追加などを行う。

ポイント＆アレンジ

●なかなか計画通りにいかないが、目標や見通しをもつことの大切さを伝えるとよい。

●机間巡視（やる気を受け止め、励ます）

●目標を、スポーツ系、冒険系、趣味系などのジャンルで挙手させ、指名して聞く。
●学習時間を選択肢にして挙手させ、そこから、勉強の目標を聞いていくのもよい。
●グループでシート回覧、目標発表なども行う。

●できたという生徒には、目標イメージが明確になるよう、イラストや吹き出しを入れる、文字に色をつけるなどの作業を勧める。

夏休みの生活プラン

充実した夏休みに向けて、目標を決め、プランを立てておきましょう。

1 夏休みにこれだけはやり遂げたい（学習以外）
　　①具体的目標（自分を成長させてくれるチャレンジを見つけましょう）

　　②準備・計画（やり遂げるために必要なことは何？ 具体的に考えてみましょう）

2 学習面での目標設定（宿題以外で全般的にまたはとくに力を入れたい科目について）

①学習はいつ？（1日のうちの時間帯）	②学習はどこで？（集中できそうな場所）	③1日の学習時間の目標は？　　時間　　　分

3 1日の平均的生活時間割（朝型を心がけましょう）

時刻 0　1　2　3　4　5　6　7　8　9　10　11　12　13　14　15　16　17　18　19　20　21　22　23

予定

4 夏休みの全体計画（週ごとに予定や計画を整理し、全体を展望しておきましょう）

週	日～土	予定
1	／　～　／	
2	／　～　／	
3	／　～　／	
4	／　～　／	
5	／　～　／	
6	／　～　／	

　　　年　　　組　　　番　氏名

40

★ 使用学年：**全学年**　◎時期：**2**学期　◆時間：**50**分

➡リンク㊴

生活
夏休みを振り返って

ねらい
★成果や思い出を振り返る。
★失敗は反省し、今後の行動改善につなげる。

準備
□休業前に作成した「夏休みの生活プラン」
□教師自身の夏休みの出来事など

展開

5分 教師自身の夏休みの出来事と振り返ることの意義を話す。

5分 ワークシートを配布し、記入方法を説明する。

15分 ワークシートに記入する。

20分 シートを見せ合い、席を並び換える。

5分 まとめ

ポイント&アレンジ

●目標を達成してもしなくても、振り返ることで次のステップになることなどを話す。

●机間巡視（適宜、肯定的なコメントを）

●列ごとにワークシートを見せ合い、目標達成度の高い順に前から並び直して着席。適宜指名してインタビュー。また学習目標の達成度で並び直すと、順位が変わっておもしろい。

●目標達成した人もいまひとつの人も、夏の思い出をエネルギー源や反省材料に、2学期の生活を充実させていこうと締めくくる。

アレンジ
　夏の思い出のキーワードをA4の紙に大書し、それを見せながらスピーチを行うのもよい。

夏休みを振り返って

「夏休みの生活プラン」を見返しながら考えてみましょう。

1 チャレンジの振り返り

①目標 ―夏休み前に立てたチャレンジの目標は？

②目標達成度_____％ ―何がどうできましたか。

③反省点 ―残された課題は何ですか。

2 学習目標の振り返り

①1日の平均学習時間_____時間_____分

②目標達成度_____％（時間よりも内容） ―何がどうできましたか。

③反省点 ―できなかった部分はなぜですか。

3 この夏の思い出 ―楽しかった出来事、忘れられない思い出を書きましょう。

　　年　　　組　　　番　氏名

41

★使用学年：**全**学年　◉時期：**1・2・3**学期　◆時間：**50**分

生活
薬物について調べてみよう

ねらい
★高校生活を健康・安全に過ごし、有意義なものにする。
★健康や安全を脅かす危険因子について理解する。
★薬物について考え、健康・安全への関心をもつ。

準　備
☐薬物に関する本や資料（保健体育の教科書・薬物問題に関する新聞記事など）
☐事前にビデオを見せるなどの意識付け

展　開

15分 ワークシートを配布し、本時の活動内容の確認を行う。

↓

20分 ワークシートに記入する。

↓

10分 薬物に関する意見・情報交換を行う。

↓

5分 薬物に対する自分の意見や考えをまとめる。

ポイント＆アレンジ

●配布する前に薬物についてどのくらい知っているかクイズ形式で質問してもよい。
●薬物問題に関わる話題を提供して、日常生活に潜む危険因子の存在を自覚させる。

●自分の意見や考えをしっかり記述するように説明する。
●周囲の人の健康や安全に配慮することが自分の健康や安全を守ることにつながることを理解させる。

●各自の意見や考えをもとに、グループ討議や全体の話し合いへと発展させる。

●自分自身の生活を見直し、「自分の健康や安全は、自分自身で守る」という意識をもたせる。

アレンジ
薬物をすすめる例と断る例をロールプレイで実施してもよい。

薬物について調べてみよう

薬物乱用に陥った人でなければ、本当の恐ろしさはわからないと言われます。しかし、その恐ろしさを理解するために試してみるというわけにはいきません。現在、手軽に入手できるような状況も社会にはあり、周囲には危険が数多く潜んでいます。健康で安全な生活を守るために真剣に考えましょう。

1 次の薬物名を聞いたことがありますか。聞いたことがあるものに〇をつけてみましょう。
   ①アヘン（　）　　②モルヒネ（　）　　③ヘロイン（　）
   ④コカイン（　）　　⑤マリファナ（　）　　⑥大麻樹脂（　）
   ⑦液体大麻（　）　　⑧アンフェタミン（　）　　⑨メタンフェタミン（　）
   ⑩睡眠薬（　）　　⑪精神安定剤（　）　　⑫シンナー（　）
   ⑬トルエン（　）　　⑭MDMA（　）　　⑮覚せい剤（　）

2 聞いたことのある薬物でその害について調べてきたことを記入してみましょう。

薬 物 名	俗 称	脳への作用	精神依存	身体依存

3 下記は、薬物を使用した人の話です。これを読んであなたの考えを述べましょう。

「テレビのニュースで芸能人が使っているのを見て、どんな気持ちになるか試してみたくなり、興味本位で覚せい剤を使いました。とても後悔しています」

4 薬物が手に入ったとしたらどうしますか？　友人が持っていたらどうしますか？

　　　　年　　　　組　　　番　氏名

42

生活
アルバイトのメリット・デメリット

★ 使用学年：**全**学年　◉ 時期：**1**学期　◆ 時間：**50**分

ねらい

★学校の方針も考慮した上で、アルバイトの是非を考える。
★「働く」ということを考えさせる第一歩とする。
★生活習慣の確立を改めて考える。

準　備

□グループ討論の題材
□討論に入りやすいよう、グループ・司会者などを決めておく

展　開

10分 ワークシートの配布・記入

35分 討論テーマについての説明後、グループで討論する。

5分 まとめ

ポイント&アレンジ

●会話形式をとることで、反対意見も考えさせることができる。

●討論のテーマ「アルバイトの是非」について説明する。
●必要があってアルバイトをする生徒もいるため、討論が一方的にならないように配慮する。
●職業観の形成にもつなげられる。多様な意見の中で、考えを深めさせたい。

●学校生活への影響を理解させる。
●教師自身の勤労観などにもふれるとよい。

アルバイトのメリット・デメリット

1 次のせりふの部分を、あなたの考えで補いましょう。

生　徒：1学期の期末考査が終わったら、アルバイトを始めたいんだ。

> その理由はね、‥
>
> ‥からなんだ。

保護者：すぐに賛成はできないな。

> それは‥
>
> ‥という心配があるからね。

生　徒：それについては

> ‥だから大丈夫だよ。

保護者：そうかな？　それでも君の生活に大きな変化が起きることは確かだよ。
　　　　それについて、もう少し考えてみよう。

2 アルバイトのない生活、ある生活について、学習・部活動など→水色　アルバイト・趣味・遊び→黄色　睡眠→
　ピンクでそれぞれ色分けしてみましょう。

① アルバイトのない生活

時	6	8	10	12	14	16	18	20	22	0	2
月											
火											
水											
木											
金											
土											
日											

② アルバイトのある生活

時	6	8	10	12	14	16	18	20	22	0	2
月											
火											
水											
木											
金											
土											
日											

　　　　年　　　組　　　番　氏名

43 生活

未成年はなぜタバコを吸えないの？

★使用学年：**全**学年　◉時期：**1**学期　◆時間：**50**分

ねらい

★未成年者の喫煙が法律で禁止されていることを確認する。
★喫煙が自分及び他人に及ぼす害悪に気付く。
★ホームルームや学校全体で喫煙防止に取り組む。

準備

□喫煙に関する書籍やビデオ教材等（全校の取り組みに発展できるよう）

展開

5分 タバコは法律で禁止されていることを確認する。

20分 ワークシートを配布し、「未成年者喫煙禁止法」を使った読解の授業を行う。

25分 数人の班をつくって意見交換し、出た意見を発表する。

ポイント&アレンジ

●改めて、未成年者の喫煙が禁止されていることを生徒一人ひとりが認識する。

●1条ずつ条文を読ませて、生徒に解釈させる。
●「未成年者喫煙禁止法」がタバコを吸った未成年者を処罰するのではなく、未成年者が喫煙していることを知りながら止めなかった大人を処罰する法律であることを理解させる。
●タバコを吸った未成年者は不良行為少年として補導の対象となることを示す。

●数人の班をつくって話し合いをさせ、ワークシートに記入した事柄（気付いたこと、班で出た意見）を発表させる。

アレンジ

各種資料（書籍「バイバイスモーキング」学事出版）やビデオを用いて、さらに発展させることもできる。

未成年はなぜタバコを吸えないの？

「未成年者喫煙禁止法」を読んで、問に答えましょう。

第一条　満二十年ニ至ラサル者ハ煙草ヲ喫スルコトヲ得ス

第二条　前条ニ違反シタル者アルトキハ行政ノ処分ヲ以テ喫煙ノ為ニ所持スル煙草及(注1)器具ヲ没収ス

第三条　未成年者ニ対シテ親権ヲ行フ者情ヲ知リテ其ノ喫煙ヲ制止セサルトキハ科料ニ処ス

　②親権ヲ行フ者ニ代リテ未成年者ヲ(注2)監督スル者亦前項ニ依リテ処断ス

第四条　煙草又ハ器具ヲ販売スル者ハ満二十年ニ至ラザル者ノ喫煙ノ防止ニ資スル為年齢ノ確認其ノ他ノ必要ナル措置ヲ講ズルモノトス

第五条　満二十年ニ至ラサル者ニ其ノ自用ニ供スルモノナルコトヲ知リテ煙草又ハ器具ヲ販売シタル者ハ五十万円以下ノ罰金ニ処ス

第六条　法人ノ代表者又ハ法人若ハ人ノ代理人、使用人其ノ他ノ従業者ガ其ノ法人又ハ人ノ業務ニ関シ前条ノ違反行為ヲ為シタルトキハ行為者ヲ罰スルノ外其ノ法人又ハ人ニ対シ同条ノ刑ヲ科ス

　(注1)器具＝キセルのこと。　(注2)監督スル者＝雇用主や教師のこと

1　第一条の意味

_____

2　第三条の意味

_____

3　第五条の意味

_____

4　「未成年者喫煙禁止法」を読んで気付いたこと（班の意見も）

_____

_____

　　　年　　　組　　　番　氏名

44

生活
お互いに気持ち良く生活するために

★ 使用学年：**全**学年　◉ 時期：**1**学期　◆ 時間：**50**分

ねらい
★ 自分の生活を見直し、公徳心および社会連帯の自覚を高める。
★ 他人の行動を見て、自分の行動を正す思考を身に付ける。

準備
☐ ワークシートを拡大したもの（1枚）
☐ マグネット（約4個）
☐ マジック

展開

7分 ワークシートを配布し、イラストについて質問する。

8分 ワークシート2・3に記入する。

15分 班に分かれて意見交換と集計。

15分 班ごとに発表する。

5分 授業の感想をまとめる。

ポイント＆アレンジ

● イラストの中で他人がしていて不愉快に感じたことや、自分自身にも思い当たることを生徒に問う。

● 一人で考える時間にする。

● 教師は拡大したワークシートを黒板にマグネットで張り付け、マジックを用意する。

● 生徒はお互いの顔が見えるように座席を移動して3～6人程度のグループをつくる。
● 公徳心（社会生活の中で私たちが守るべき道）とはどういうことか班で考える。
● 各項目ごとに「○」がついた人数を集計する。
● 拡大ワークシートへ班の集計を書きこむ。

● ①集計した人数からわかること、②公徳心とは何か？ の2項目について、各グループ2分程度で発表する。

● 街の中で不愉快に感じる行動を見かけることはたくさんあるが、改めて自分の行動に置き換えてみると、私一人くらいなら、といった甘えがあることに気が付く。他人の行動を見て、自分の行動を正す思考への入り口としてまとめをする。

お互いに気持ち良く生活するために
～『公徳心』について考えよう～

1 自分の周りで上のイラストにあるような行動を見かけたことや、あなた自身がしたことはありますか。
2 以下の中であなたが不愉快に感じる行動について、個人解答欄へ「〇」をつけましょう。

行動内容	個人解答	1班	2班	3班	4班	5班	6班	クラス集計
1 口に入れていたものやツバを床に吐く								人
2 借りた本の気になるページの角を折る、またはマーカーで印をつける								人
3 床に座って飲み食いする								人
4 トイレで飲み食いする								人
5 ペットボトルの口飲みをする								人
6 口に食べ物を入れたまま授業を受ける								人
7 飲食物を机の上に置きながら授業を受ける								人
8 口に食べ物を入れたまま話し合いをする								人
9 飲食物を机の上に置きながら話し合いをする								人
10 食事をしながらテレビを見る								人
11 靴のかかとを踏みながら歩く								人
12 靴をそろえないで放置する								人
13 洋服をたたまないで放置する								人
14 ノックをしないで部屋に入る								人
15 ごみをごみ箱以外の場所に捨てる								人
16 公共の場所で携帯電話で通話をする								人
17 公共の場所で座席に荷物を置く								人
18 公共の乗り物の優先席付近で携帯電話ONのまま								人
19 公共の乗り物の中で化粧をする								人
20 公共の乗り物の中で飲食をする								人

3 「公徳心」とはどういう言葉でしょうか。上記の個人解答をもとにあなたの考えを書きましょう。

4 今日の授業の感想

　　　　年　　　組　　　番　氏名

コラム

話し合いの基本
社会に出てからも通用する話し合いのイロハ

1　話し合いの目的
①情報の伝達〔伝達〕
②問題の解決〔解決〕
③課題の創造〔創造〕
④対立の調整〔調整〕
⑤議案の決定〔決定〕
⑥討論の練習〔練習〕

2　話し合いの準備
①目的と議題の設定
②議長と記録係の選出
③進行の打ち合わせ
④グループ分け
⑤資料作成
⑥座席のレイアウト

3　議長の心得
①目的に沿って進行する
②雰囲気づくりに努める
③冷静に対応する
④中立的な立場を守る
⑤聞き役にまわる
⑥自分の意見を控える

4　参加メンバーの心得
①目的を理解する
②進行に協力する
③私語を謹む
④発言者の話（言いたいこと）をよく聞く
⑤意見をはっきり述べる
⑥冷静に意志決定する

5　議長の質問技法
①全体質問→指名質問

> 質問は、初めに全体質問を行い、意見が出ないときに、指名質問を行う。ただし、その間少々待つゆとりがほしい。

②リレー質問

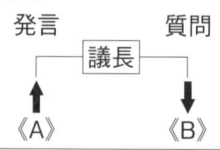

発言　　　質問
　└─議長─┘
　↑　　　　↓
《A》　　　《B》

> Aの発言に対してBに質問するというように、全員にリレーして、相互にやりとりさせる。

③投げ返し質問

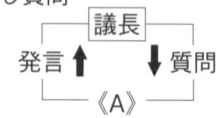

　　　　議長
発言 ↑　　↓ 質問
　　└《A》┘

> 自分の意見をもたず、ほかに頼った発言をした人にその質問を投げ返し、自分の意見を述べさせる。

④具体的な発言を引き出すための言い方
・「例えば、どんなことですか」
・「みなさん、理解でできましたか」
・「もう少し、分かりやすく説明してください」
　　　　　　　　　　　　　　　　　　など

6　最後のまとめ方
①目的を再確認する
②結論をはっきり伝える
③決定事項の実行を促す

（鈴木）

進路について考える・キャリア教育

生徒にとって、卒業後の進路は今後の人生に大きく関わる重要なことです。単に進学か就職かといった目前のことだけでなく、どんな人生を歩みたいかというライフプランについて考えさせ、豊かで充実した人生を送るためにいま何をすべきかについて考えさせることが大切です。

このようなキャリア教育の活動は、総合的な学習の時間などとリンクさせながら、ホームルーム活動の中で行うことが求められています。進路を考える上で必要なワークシートを作りました。

45

★ 使用学年：**1年生**　　◉ 時期：**1・2・3**学期　　◆ 時間：**50分**

進路・キャリア
働く目的って何だろう？

ねらい

★人はなぜ働くのかについて、勤労や職業の3要素（①収入を得る―経済性、②社会的に貢献する―社会性、③自己をよりよく生かす―個人性）を考えさせ、職業観・勤労観形成の基礎を養う。

準備

□予告（人はなぜ働くのか、個人の意見を考えさせておく）

展開

10分 本時のねらい「勤労・職業の3要素」を話し、ワークシートを配布する。

↓

30分 個人で記入した後、班をつくって話し合う。

↓

10分 まとめを記入後、再度、職業には3つの側面があることを説明し、本時のねらいを確認する。

ポイント＆アレンジ

● 職業に対する意義をどのようにもつかによって、今後の進路選択や職業生活の送り方などに大きな差異が生じる。ここでは、「経済性」「社会性」「個人性」という職業の3つの要素のうち、「経済性」を提示することによって、ほかの側面に気付かせることを意図している。

● 個人の意見に賛成、反対という視点ではなく、さまざまな意見があるという視点で、お互いの意見をまとめるようアドバイスする。初めの自分の意見や思いを変えてもかまわない。

アレンジ

現在、中学校では職場体験などの体験的な学習を行っており、高校生のなかには、すでにアルバイトをしている者もいる。
今回の授業で改めて働く目的について考えさせた後も、引き続き職業インタビューや、インターンシップなどの体験的な学習を通じて、折に触れて働く目的について考えさせることが必要である。

働く目的って何だろう？

皆さんは将来何らかの職業に就くという人が圧倒的に多い。人はなぜ働くのか、あなたが将来どのような職業に就くのか、そして、どのような考えをもって働いていくのか、その働く目的について考えましょう。

●論題 「人は収入を得るために働くのか」

1 個人で考えてみましょう。

①「人はまず第一に収入を得るために働く。」ということを肯定する意見を述べましょう。
（
　　　　　　　　　　　　　　　　　　　　　　　　　　　　）だから、人は収入を得るために働く。

②「人は収入を得るために働くのではない。」ということを肯定する意見を述べましょう。
（
　　　　　　　　　　　　　　　　　　　　　　　　　　）だから、人は収入を得るために働くのではない。

③収入を得る以外に働く目的を挙げましょう。

2 班で話し合いましょう。

①「人はまず第一に収入を得るために働く。」ということを肯定する班員の意見
（
　　　　　　　　　　　　　　　　　　　　　　　　　　　　）だから、人は収入を得るために働く。

②「人は収入を得るために働くのではない。」ということを肯定する班員の意見
（
　　　　　　　　　　　　　　　　　　　　　　　　　　）だから、人は収入を得るために働くのではない。

3 まとめ

班の意見交換を受け、あなたはどんな目的を大切にして働きたいですか。（ ）に言葉を入れましょう。

（　　　　　　　　　　　　　　　　　　）ことができたら、私はいきいきと働くことができます。

職業を抜きに人生を考えることはできません。人生のなかで職業生活は多くの時間を占めることになるからです。いきいきと働くことは豊かで実り多い人生を送ることにもつながります。そのために、「こんな働き方がしたい」という気持ちを育て、身近で働く人々や書物などを通して、いまから働く目的を考える機会を少しずつもちましょう。

　　　　年　　　組　　　番　氏名

46 進路・キャリア
自分の適性を知ろう

★使用学年：**1**年生　　●時期：**1・2・3**学期　　◆時間：**40**分

→リンク㊴

ねらい
★自分のもっている能力・特性について知る。
★能力・特性は1つだけに特化していないことを知る。
★人にはそれぞれ違った特性があることを知る。

準　備
☐予告（自分が好きなこと、得意とすることについて考えておくように）

展　開

5分 ワークシートの記入方法について説明する。

↓

15分 質問項目にある活動が自分にあてはまるかどうか、5（あてはまる）から1（あてはまらない）までの5段階で回答し、それぞれのタイプの合計点を算出させる。

↓

15分 自分の該当するタイプの説明を読んで、自己の能力・特性について確認させる。

↓

5分 記入したワークシートを回収する。

ポイント＆アレンジ

●回答する時にはあまり深く考えすぎず、感じたままに（直感で）答えるようにアドバイスする。
●答えを「どちらでもない」ばかりにしてしまうとタイプが分けられないので避ける。

●AからFのタイプは、ホランドの職業理論をもとにして作成したものである。Aは現実的タイプ（Realistic）、Bは研究的タイプ（Investigative）、Cは芸術的タイプ（Artistic）、Dは社会的タイプ（Social）、Eは企業的タイプ（Enterprising）、Fは慣習的タイプ（Conventional）に該当する。
●人それぞれ高い低いはあるものの、誰しもがRIASEC（A〜Fの頭文字）の6要素をもっている。年齢を重ねたり経験を積むことによってタイプが変わっていくこともある。特に高校生くらいの年齢だとまだ興味関心が分化していないので、今後変わっていくことが考えられる。生徒たちには人それぞれ違った能力・特性があること、自分の能力・特性もこれから変わっていく可能性があることに気付かせたい。

アレンジ
ワークシートをもとに個人面接や進路相談を実施してもよい。

自分の適性を知ろう

あなたはどんな能力をもち、どんなことが得意なのでしょうか。調べてみましょう。

◆次の活動について5段階で回答し、数字の合計を出しましょう。

（5：あてはまる　4：どちらかというとあてはまる　3：どちらともいえない　2：どちらかというとあてはまらない　1：あてはまらない）

タイプ	活動の内容	回答	合計
A	動物を世話する、または植物を栽培するのが好きである。	5・4・3・2・1	
	機械や装置を操作・運転するのが好きである。	5・4・3・2・1	
	手先が器用である。	5・4・3・2・1	
	細かい作業をするのが好きである。	5・4・3・2・1	
B	1つの物事について調査・研究するのが好きである。	5・4・3・2・1	
	物事を分析すること、または開発するのが好きである。	5・4・3・2・1	
	さまざまなデータから結果を導き出すことができる。	5・4・3・2・1	
	自分の考えを他人に表現することができる。	5・4・3・2・1	
C	文章を書くこと、または絵を描くことが好きである。	5・4・3・2・1	
	デザインすること、または楽器を演奏することが好きである。	5・4・3・2・1	
	自分のアイデアを披露すること、または演じることが好きである。	5・4・3・2・1	
	想像力が豊かで、いろいろなアイデアがよく浮かぶ。	5・4・3・2・1	
D	人と接することが好きである。	5・4・3・2・1	
	誰とでも気さくに話すことができる。	5・4・3・2・1	
	人から頼られたり、相談役になることが多い。	5・4・3・2・1	
	人のためになることをするのが好きである。	5・4・3・2・1	
E	グループの中ではリーダー役になることが多い。	5・4・3・2・1	
	物事を計画したり、催しを企画することが得意である。	5・4・3・2・1	
	洞察力に優れている。	5・4・3・2・1	
	人を指導したり説得するのが得意である。	5・4・3・2・1	
F	書類を作成したり、帳簿を整理することが得意である。	5・4・3・2・1	
	単調な作業にもコツコツと取り組むことができる。	5・4・3・2・1	
	規則・ルールや慣習となっていることを重視する。	5・4・3・2・1	
	決まった作業を繰り返し行うことが好きである。	5・4・3・2・1	

私のタイプは…　[　　　　　]　タイプ　（←合計点が一番高かったタイプを記入する）

A（職人タイプ）		機械や物に対する関心が強く、機械を操作したり物を作る能力に恵まれている。一方、人と関わることはあまり得意ではなく、社会的出来事への関心も高くない。地道で粘り強い。思い込んだら一途なところあり。アウトドア派だったりする。
B（研究者タイプ）		抽象的な概念や論理的な思考に強い関心をもつ。合理的で几帳面。知的好奇心が旺盛である。物事を一人で成し遂げることを好み、グループでの活動はあまり好まない。理論家だが内向的である。
C（芸術家タイプ）		音楽、美術、文学に強い関心を示す。独創性や想像力に恵まれている。マイペースで、型にはまるのを嫌う傾向にある。規則や慣習をあまり重視せず、自分の感性を大切にする。感受性が鋭く、衝動的になりやすく不安感が強い。
D（人間大好きタイプ）		人と一緒にいることが好きで、さまざまな人と良好な人間関係を築くことができる。人との和を重んじる。面倒見がよく、他者に対して気配りができる人である。寂しがり屋でもある。
E（リーダータイプ）		積極的で社交性にあふれる人が多く、指導力・説得力・表現力にも恵まれる。他人に従うより、自らがリーダーシップを発揮することを好む。権力や地位を重視する傾向がある。負けず嫌い、目立ちたがり屋の面ももっている。
F（コツコツタイプ）		几帳面で粘り強く、自制心に富んでいる。協調性があり、さまざまな状況においても順応できる。事務作業のような反復的な活動を好む。リーダーシップをとるよりも権威者の指示に従うことを好む。規則や慣習を重んじる。

＿＿＿年　＿＿＿組　＿＿＿番　氏名＿＿＿＿＿＿＿＿＿＿＿＿＿＿

47

★ 使用学年：**1年生**　◎ 時期：年度末　◆ 時間：**50分**

➡ リンク㉞㊿

進路・キャリア
将来に関するアンケート

ねらい
★将来の夢や卒業後の希望進路について考える。
★自分が将来についてどのように考えているかを知る。

準　備
☐予告（現時点における卒業後の希望進路や将来の夢について考えておくように）

展　開

5分 ワークシートの記入方法について説明する。

↓

20分 将来の夢や希望進路について、ワークシートを記入する。

↓

20分 グループで情報交換する。

↓

5分 ワークシートを回収する。

ポイント＆アレンジ

●今回の活動は、自分が将来についてどのように考えているかを確認する活動であることを説明する。

●将来の夢や卒業後の希望進路については、できるだけ具体的に記入するよう指導する。

●後半にある○、△、×を記入するアンケートについては、あまり深く考えこまず、思ったまま直感で答えるようアドバイスする。

●時間的に余裕があれば、4〜6人程度のグループをつくり、自分がどれに○をつけたか、×だったものは何かなど、グループ内で情報交換をさせてもよい。

アレンジ
回収したワークシートをもとに後日、個人面談を実施してもよい。

将来に関するアンケート

あなたの将来の夢は何ですか。どんな仕事に就きたいですか。どのような家庭生活を送りたいですか。将来続けていきたいことは何ですか。
まだ具体的な答えが見つからない人もいるかもしれませんが、将来について考えてみましょう。

1 あなたの将来の夢は？

2 高校卒業後の希望進路は？（該当する項目に〇をつけましょう）

| 大学進学 | 短期大学進学 | 専門学校進学 | 就職 | 未定 |

3 将来の希望進路について具体的に考えていることを記入しましょう。

4 次の項目についてあてはまるものには〇、どちらかと言えばあてはまるものには△、あてはまらないものには×をつけましょう。

分類	項目	
学びに関すること	高校を卒業してからも学ぶことは続けていきたい。	
	自主的に学んでみたいと思うことがある。	
	取得したい免許・資格がある。	
	将来の仕事に関連する勉強をしたい。	
	自分の興味・関心や趣味に関連する勉強がしたい。	
	今まで取り組んだことがない新たな学びに挑戦してみたい。	
	これからの人生を豊かにしてくれる学びがしてみたい。	
仕事に関すること	入社から定年まで同じ会社で1つの仕事に打ち込みたい。	
	仕事の中で新しいスキルを身に付け、成長していきたい。	
	できるだけ多くの賃金が得られる仕事に就きたい。	
	地位や名誉を得られる仕事に就きたい。	
	自分の能力・適性を活かせる仕事に就きたい。	
	人の役に立つ仕事がしたい。	
	社会に貢献できる仕事に就きたい。	
家庭生活に関すること	結婚して自分の家庭をもちたい。	
	子どもが欲しい。	
	夫婦共働きで生活していきたい。	
	家事は夫婦で分担して行いたい。	
	親と同居して暮らしたい。	
	将来的には自分が親の面倒を見ていきたい。	
	将来的には子どもに自分の面倒を見てもらいたい。	
その他	これからも取り組んでいきたい特技や趣味がある。	
	ボランティア活動などに取り組んでいきたい。	
	自分が住んでいる地域の活動に参加してみたい。	

_____ 年 _____ 組 _____ 番 氏名 _____

48

★使用学年：**2**年生　●時期：**1・2・3**学期　◆時間：**50**分

➡リンク㊾㊿

進路・キャリア
自分史を作ろう

ねらい

★自分がこれまでどのように育ってきたのか振り返る。
★これまでの自分を振り返り、自分の特性を知る。
★自分が過去からどのような影響を受けているかを知る。

準　備

□予告（誕生から現在まで、自分の人生にどのようなことがあったかを振り返っておくように）
□予告（自分が生まれた時のことを家族に聞いておくように）
□予告（過去の出来事が現在の自分とどのようにつながっているかを考えておくように）
□社会の出来事についてわかる資料

展　開

5分 ワークシートの記入方法について説明する。

↓

40分 これまでの自分を振り返り、自分史を完成させる。

↓

5分 記入したワークシートを回収する。

ポイント＆アレンジ

●ワークシートにスムーズに記入できるよう、生徒たちにはこれまでの自分の歴史を振り返ったメモや、家庭で聞いてきたことのメモなどを用意させておくとよい。
●「社会の出来事」については、あらかじめ資料を用意しておき、生徒がスムーズに記入できるよう工夫するとよい。
●発表したくない（書きたくない）ことについては無理に書く必要がないことを説明する。
●「自分史年表」には格好つけた自分の姿を書いたりせず、ありのままの自分を書き出すようにアドバイスする。
●現在の自分の姿（特性など）は、過去の自分があったからこそ成り立っているのだということに気付かせたい。

アレンジ

後日のHR活動などを利用して、このワークシートをもとにした自分史発表の機会を設けたい（クラス全体での発表が難しければ、グループ内発表でもよい）。

自分史を作ろう

これまでの自分を振り返って、自分史を作ってみましょう。

1 あなたが生まれた時、家族の人たちはどのような気持ちだったと思いますか。

2 あなたの名前には、どのような願いや思いがこめられていると思いますか。

3 あなたは両親・家族からどのような影響を受けていると思いますか。

4 自分史年表

年代	印象に残っている出来事	夢中になっていたこと	社会の出来事
誕生〜3歳			
幼児期 小学校入学まで			
小学校低学年			
小学校中学年			
小学校高学年			
中学1年生			
中学2年生			
中学3年生			
高校入学〜現在			

5 過去の出来事が、現在の自分にどのような影響を与えていると思いますか。

6 あなたの人生の5大事件は？

7 あなたにとって、もっとも大切な5人は？

　　　　年　　　組　　　番　氏名

49 進路・キャリア
10年後の自分に手紙を書こう

★ 使用学年：**2**年生　　● 時期：**1・2・3**学期　　◆ 時間：**50**分

➡リンク㊽㊿

ねらい
★ 将来の自分の姿について考える。
★ 将来に向けて、これから取り組むべきことを考える。

準備
□ 予告（生徒に自分が10年後にどうなっていたいかを考えておくように）
□ 予告（将来「あの人のようになりたい」と憧れる人を考えておくように）
□ 予告（憧れの人に近づくために今から取り組めることについて考えておくように）

展開

5分 ワークシートの記入方法について説明する。

20分 10年後の自分を想像して、ワークシートを記入する。

20分 10年後の自分に向けてのメッセージを作成する。

5分 記入したワークシートを回収する。

ポイント&アレンジ

● 身近にいる年上の人を参考に、10年後の自分を想像するとワークシートが記入しやすくなることを説明する。

●「職業生活」「家庭生活」「地域社会」「学び」「趣味や余暇」という5つの視点から10年後の自分の姿を想像させる。生徒には、家庭人としての自分や地域人としての自分は想像しにくいかもしれないが、身近にいる人を例にとって考えるようにアドバイスする。

アレンジ
「10年後の私へメッセージ」の部分は教室に掲示して、クラス全体で共有してもよい。また、このメッセージをクラス内で発表させる機会をもつとよい。

10年後の自分に手紙を書こう

10年後の自分を想像して、未来の自分へ手紙を書きましょう。

1　10年後の私は…　＿＿＿＿＿＿＿歳

2　私はその頃どんなことをしているかな？

職業生活	
家庭生活	
地域社会	
学び	
趣味や余暇	

3　あなたが10年後「あんな風になっていたら良いなぁ」と憧れるのは？

	理由
さん	

4　憧れの人に近づくためには、これからどんなことに取り組めばよいと思いますか？

これから取り組みたいこと

5　10年後の私へメッセージ

年　　　組　　　番　氏名

50

★ 使用学年：**2**年生　　◉ 時期：**1・2・3**学期　　◆ 時間：**50**分

➡ リンク㊽㊾

進路・キャリア
My 人生すごろくを作ってみよう

ねらい

- ★将来どんなライフイベントが待っているのかを考える。
- ★ライフイベントをもとに50歳までのライフプランを考える。
- ★自己の考え（ライフプラン）をクラス内で発表する。

準 備

- □予告（将来起こり得るライフイベントにはどのようなことがあり、自分の人生ではいつ起こり得るかを考えておくように）
- □予告（どの時期にどのようなことに取り組みたいかを考えておくように）
- □「人生すごろく」の見本

展 開

5分 ワークシートの記入方法について説明する。

↓

20分 それぞれのライフプランを考えながら、すごろくを作成する。

↓

20分 完成した「My 人生すごろく」をクラス内で発表し、自己のライフプランについて確認する。

↓

5分 記入したワークシートを回収する。

ポイント＆アレンジ

- ●将来起こり得るライフイベントについて考え、50歳までの「My 人生すごろく」を作成することを説明する。
- ●すごろくのマス目にどのようなことを記入すればよいのか生徒がイメージしやすいように、見本を1つ作成し、生徒に提示するとよい。
- ●身近にいる大人（親や兄弟など）がどのくらいの年齢の時にどのようなことに取り組んでいたか、また、どのようなことが彼らの身に起こっているかを考えると自分のライフプランが立てやすいことをアドバイスするとよい。

- ●クラス内で発表する時間がもてなければ、後日すごろくを教室内に掲示するだけでもよい。

My人生すごろくを作ってみよう

皆さんは将来どのようなことをやってみたいですか。また、皆さんの将来にはどのような出来事が待っているのでしょうか。下にあるライフイベントを参考に、すごろくのマス目にイベントを書き込み「My人生すごろく」を完成させましょう。

現在 (　　)歳	(　　)年後 高校を卒業する	3年後		5年後 (　　)歳
15年後 (　　)歳			10年後 (　　)歳	
	20年後 (　　)歳			25年後 (　　)歳
(　　)年後 50歳			30年後 (　　)歳	

ライフイベントの例

職業生活に関すること	家庭生活に関すること	地域社会に関すること
就職　入社　昇進　転勤　転職　退職　再就職　定年　正社員　契約社員　パートタイマー　etc.	結婚　出産　育児　車購入　独立　マイホーム購入　引越し　病気　けが　親の介護　入院　etc.	ボランティア　町内会　PTA　地域清掃　地域パトロール　自治会　子ども会　市民講師　etc.
学びに関すること	趣味や余暇に関すること	
大学進学　専門学校進学　予備校通学　資格取得　免許取得　カルチャースクール　通信教育　公開講座　おけいこごと　etc.	旅行　〇〇巡り　〇〇についての研究　〇〇調査　ボランティア活動　サークル活動　カルチャースクール　etc.	

　　　　年　　　　組　　　番　氏名

51

★ 使用学年：**1・2**年生 　●時期：**2・3**学期 　◆時間：**50**分

進路・キャリア
他人から見た私

ねらい

★ 自分への思い込みは一つの見方にすぎないことに気付く。
★ 他人からのメッセージによって思い込みを打破する。

準備

☐ タイマー

展開

10分 活動のねらいを説明後、「自分のイヤなところ、嫌いなところ」をワークシートに書かせる。

↓

15分 4人1組のグループに分かれ、ワークシートに記入する。

↓

25分 口頭で4人それぞれの思い込みを打破するという活動を順番に行い、最後に中央の人が感想を述べる。

ポイント＆アレンジ

● 短所と長所は同じ一直線上の両端にすぎないことをワークシートの例によって説明する。

●「自分のイヤなところ、嫌いなところ」は他の人に話してもよいと思うことだけを書かせる。

● 4人で向かい合い、教師の合図で一斉に隣の人にワークシートを渡す。例を参考に、記入する（1人2分半）。
● 教師の合図で、一斉にワークシートを回す。

● 1人を中央に座らせ、周りを3人で取り囲ませる。中央に座った人の思い込みを打破できるように、言葉を尽くして順番にリフレーミング（フレームをかけ直すこと）させる。

● 最後に中央に座った人は、言葉を掛けてもらうことで、どんな感じがしたかを周りの人に伝える。

他人から見た私

(例) 私は、自分の | 出しゃばりなところが | 嫌いです。

でも、それって…

| 面倒見が良くて放っておけないから、すぐに手を出してしてしまう。| ということでしょう。

私は、自分のこんなところが _____ 嫌いです。

⇒ちょっとイヤ！嫌い！

みんなのメッセージを聞いて考えたこと

でも、それって…
_____
_____ ということでしょう。
by _____

でも、それって…
_____
_____ ということでしょう。
by _____

でも、それって…
_____
_____ ということでしょう。
by _____

年　　組　　番　氏名

52

★ 使用学年：**2**年生　　● 時期：年度初め　　◆ 時間：**50**分

➡ リンク㊺〜㊼、㊾

進路・キャリア
いまの自分を総合的に分析

ねらい

★キャリア教育で必要とされる視点について学ぶ。
★希望進路実現のために、今後何が必要になるかを知る。
★アンケートの項目から豊かな生き方について考える。

準備

☐ 予告（自分を理解するとはどのようなことかを考えておくように）
☐ 予告（学ぶこと、働くことについて考えておくように）
☐ 予告（豊かな人生を送るために必要な視点について考えておくように）

展開

5分 ワークシートの記入方法について説明する。

↓

40分 ワークシートにある項目について考えさせ、該当するものに○を記入させる。

↓

5分 ワークシートを回収する。

ポイント＆アレンジ

● 今回の授業では自分の個性・特性を活かし、人生を豊かに生きるための視点（キャリア教育）について学ぶことを説明する。

● アンケートに挙げた項目は新しい高等学校学習指導要領解説（特別活動編）で明記されたホームルーム活動の内容の「（3）一人一人のキャリア形成と自己実現」にある学習項目をもとに作成したものである。
　学習項目として挙げられている内容は次のとおり。
　ア　学校生活と社会的・職業的自立の意義の理解
　イ　主体的な学習態度の確立と学校図書館等の活用
　ウ　社会参画意識の醸成や勤労観・職業観の形成
　エ　主体的な進路の選択決定と将来設計

アレンジ

ワークシートをもとに個人面談を実施するとよい。

いまの自分を総合的に分析

次の質問であなたにあてはまるものに〇をつけましょう。

自己理解	自分の性格・特性を理解している。	
	自分が興味・関心をもっていることが何か理解している。	
	自分は他の人からどのように見られているのか理解している。	
	自分が知らない自分の姿を知る方法を理解している。	
	客観的に自分を理解する方法を知っている。	
進路適性と進路情報の活用	高校卒業後の進路にはどのようなものがあるか理解している。	
	高校卒業後の希望進路は決まっている。	
	進路を決定するにあたってどのような情報が必要になるのか理解している。	
	希望進路を実現させるために必要な情報を収集している。 （または情報収集の方法を知っている）	
	進路実現のために収集した情報を進路選択のために活用している。 （または情報の活用方法を知っている）	
学ぶことの意義	人はなぜ学ぶのかを考えたことがある。	
	自分の興味・関心に合った学びとは何かを知っている。	
	現在学んでいることが将来どのように活かされるのかを考えたことがある。	
	学校以外の学びの場にどのようなものがあるかを挙げることができる。	
	高校卒業後にどのような学びを続けていくか考えたことがある。	
望ましい勤労観・職業観	人はなぜ働くのかを考えたことがある。	
	世の中にはどのような職業があるのか理解している。	
	自分の特性を活かせる仕事とはどのようなものか考えたことがある。	
	世の中にはさまざまな働き方があることを理解している。	
	自分は将来どのような働き方をして社会に貢献していきたいか考えたことがある。	
将来設計	高校卒業までに実現させたいことがある。	
	その目標実現のためには今後どのようなことに取り組んでいけばよいか理解している。	
	10年後の自分を想像し、それまでに実現したいことを挙げることができる。	
	その目標実現のためには今後どのようなことに取り組んでいけばよいか理解している。	
	将来について考える時にはさまざまな視点（職業人・家庭人・地域社会の一員・学習者・余暇を楽しむ人）から考える必要があることを理解している。	

　　年　　　組　　　番　氏名

53

進路・キャリア
オープンキャンパスレポート

★ 使用学年：**2**年生　● 時期：**1**学期　◆ 時間：**50**分

➡リンク㉞㊼

ねらい

★上級学校の雰囲気を体験する。
★学校案内やパンフレットではわからないことを聞く。
★その学校が自分の希望に合った学校かを確認する。

準備

☐予告（オープンキャンパスに参加する学校の学校案内やパンフレットを確認し、当日に質問したいことについてまとめておくように）
☐進路指導室またはパソコン室の確保

展開

5分 ワークシートの記入方法について説明する。

↓

40分 学校案内やホームページなどを参考に、「見学先調査シート」を完成させる。

↓

5分 各生徒がどの学校のオープンキャンパスへ参加するのか、また参加日はいつかなどを確認する。

ポイント＆アレンジ

●見学先調査シートを記入するための資料がある進路指導室や上級学校のHPが見られる教室（パソコン室など）で活動するとよい。

●この時に、オープンキャンパスに参加（夏休みを利用）する際のマナーなどについても確認しておきたい。
●1日に2～3校回る場合は、1枚だけホームルームで作成して、残りは宿題としてもよい。

アレンジ
夏休み明けのホームルーム活動を利用して、オープンキャンパス報告会の機会をもちたい。

オープンキャンパスレポート

夏休みを利用して、オープンキャンパスに参加してみましょう。

【見学先調査シート】

学校名	
学部・学科・コース	
所在地	住所 最寄駅
学校までの経路	自宅→ 所要時間　　　　　分
緊急連絡先	

当日聞いてみたいこと(該当するものに☑をつけましょう)

- ☐ 学部・学科の特色
- ☐ 資格・免許取得に関する支援
- ☐ 卒業生の主な進路先
- ☐ 実験・実習施設　図書館など
- ☐ 入学金、年間及び卒業までの学費
- ☐ AO入試・推薦入試について
- ☐ 教育内容
- ☐ 留学制度
- ☐ 就職率・進学率
- ☐ 体育館などスポーツ施設
- ☐ 奨学金制度
- ☐ 一般入試について
- ☐ ゼミナール
- ☐ キャリア支援
- ☐ インターンシップ
- ☐ 食堂　購買　生協など
- ☐ 寄付金
- ☐ 諸経費(施設費など)

【オープンキャンパスレポート】

1　オープンキャンパスに参加して確認できたことをまとめましょう。

項目	確認できたこと

2　オープンキャンパスに参加しての感想

　　　　　年　　　　組　　　　番　氏名

54

★使用学年：**3**年生　　●時期：**1・2・3**学期　　◆時間：**50**分

➡リンク㊻、㊾

進路・キャリア

社会人に必要な要素を相互チェック！

ねらい

★企業の人物評価の観点を利用して、社会人に必要とされている要素を学ぶ。
★客観的に自分を見つめ直し、自己推薦文・自己PRなどに役立てる。

準備

□机・椅子の片づけ（教室は広々と使う）
□台紙（記入しやすいように、各自に持たせる）
□ストップウォッチ
□あればマーチ調のBGMまたは、タンバリン等

展開

5分 まずは練習に右端の欄で教師のことを評価させる。特に優れていると思うものに◎、優れていると思うものに○をつけさせる。

↓

40分 音楽に合わせて自由に歩き、2人1組で評価し合い、ワークシートに記入する（数回繰り返す）。

↓

5分 各自で○の数、◎の数をそれぞれ合計し、「振り返り」に記入する。

ポイント＆アレンジ

●相談せず、考えすぎず、直観で評価させる。回収後、集計すると生徒が教師をどのように思っているのかわかる。
●◎や○の数は指定しないが、何もつかないということのないように、プラスの評価を心がけるよう指示する。
●音楽・タンバリンに合わせて教室内を自由に歩き、音楽が止まったら2人1組をつくって、「よろしくお願いします」と挨拶を交わし、持っているワークシートを交換・記入。ワークシートを本人に戻し、「ありがとうございました」を合図に再び移動を開始する。
●移動時間1分＋ワークシート交換記入1分×20回程度行う（最初は余裕をもって、次第に所定の時間内で）。
●一定方向に流れるように歩くなど、グループの友人同士が固まったままの移動にならないようにする。
●総数が奇数の場合は3人1組の評価も可とする。

アレンジ

自己の視点で分析する㊾と併せて行うとよい。

社会人に必要な要素を相互チェック！

項　　目	定　　義	チェックした人の名前（本人が記入）										○数	◎数	担任
俊敏性	物事を思い切りよく判断し、機敏に行動しようとする。													
行動柔軟性	状況の変化に柔軟に対応する。													
向上心	現状に満足することなく自分を高めていこうとする。													
好奇心	新しいものや考え方に興味・関心をもつ。													
達成意欲	高い理想や大きな目標をかかげ、それを実現しようとする。													
責任感	困難な事態に直面しても、自分の責任を果たそうとする。													
人を動かす	自分の意志で人や組織を動かし、影響を発揮したいと思う。													
役割への姿勢	やりがいを重視し、役割を通じて充実感が得られることに価値をおく。													
コミュニケーション能力	人の話を聞き、正しく理解できたり、相手にわかりやすく伝えたりする力がある。													
論理的思考力	状況、情報を体系的に整理、理解し、的確な判断へ導ける力がある。													
社交性	多くの人との接触を好み、交際範囲を広げていこうとする。													
思考柔軟性	さまざまなものの考え方や意見を柔軟に受け入れる。													
創造欲求	既成の概念にとらわれず、新しいものやアイディアを生み出そうとする。													
知識欲	さまざまなことを学習し、幅広い知識を吸収しようとする。													
悪い結果への考え方	結果が悪い場合でも他人のせいにせず、原因は自分にあると考える。													
オープンマインド	人との間に壁を作らず、自分の気持ちや考えを気軽に表現しようとする。													
合理性	論理の一貫性を重視、物事を合理的に考えようとする。													
現実重視	事実に基づいた現実的な考え方をする。													
自己信頼	どのような状況でも自分の可能性を信じようとする。													

振　り　返　り

あなたの○や◎が多かった項目
(　　　　)(　　　　)(　　　　)(　　　　)(　　　　)(　　　　)

友達のあなたへの見方について思ったこと

_____

　　　年　　　組　　　番　氏名_____

コラム

HR通信ワンポイント①

発行する目的、内容をもう一度押さえよう

　HR通信は、担任をもった先生が、それぞれの思いを込めて自由な発想で作っていけば十分立派なものが出来上がるのではないか、と思う。(もちろん、ここでいう「立派」というのは体裁の豪華さなどではない)。それこそ、紙面の大きさから、書き方(縦書きか横書きか)、字の大きさ、タイトル、段組み、内容…さまざまなHR通信が、今日もあちこちの学校で発行されているのだろう。

　それでも「どんな体裁がいいかわからない」「何を書けばいいか思いつかない」「そもそもHR通信の必要性がわからない」など、お悩みの先生もいるかもしれないので、筆者のつたない経験から少々お話ししたいと思う。

1　HR通信を発行する意義

　実際、HR通信を発行していない担任の先生も多いし、「必要ない」という先生もいるだろうが、ここはあえて「やはりあった方がよい」と申し上げたい。

　HR通信を発行する目的はさまざまであるが、次の3つが主な目的ではないだろうか。即ち、

①連絡・注意事項を確認・徹底する。
②担任の思いや学校の様子を保護者に伝える。
③生徒や保護者とのコミュニケーションのツールとして使う。

である。

　①については、たいてい口頭で行われるものであるが、ときどき生徒から「そんなの聞いてなーい」などと言われる場面もある(大体は、生徒が自分に都合よく言っているだけだが)。そんな時、「この前、HR通信に書いておいたよね、ほらここに」などと指摘し、言い逃れできないようにする、というのが最も分かりやすい使い方か。

　②については、最近無関心な親が多くなってきたとはいえ、やはり「学校の様子がよく分からない」との不満もよく聞く。高校生ともなると、家庭で会話をしない場合も多く、HR通信をありがたがる親も多い。

　③については、生徒の諸活動の様子を取り上げてみたり、生徒の意見や感想、さらには保護者からの意見や質問・応答等も載せたりすると、担任やホームルームがより生徒や保護者にとって身近なものになる。

2　HR通信の形式

①大きさ

　頻度との兼ね合いだが、週1回程度の発行ならぜひB4版で発行したい。LHRの時など少し時間を取って読んでもらう。必要に応じて説明したりする。毎日のように書く！というのであれば、B4版はさすがに大変だろうから、A4版あるいはB5版で書く方が息切れしない。ちなみに、筆者はB5版で毎日発行している(ときどきB4版にすることもあるので、保管面でもB5版が便利)。

(P137につづく)

(吉田)

保護者会・個人面談

高校生は未成年ですから、担任は保護者の意向も尊重しながら指導を行うことになります。生徒及び保護者と担任の情報の共有が、有効な指導をするためのベースです。
保護者の意向を知る機会のひとつは保護者会です。年間2～3回しか設定できませんが、貴重な機会ですから、保護者と協力体制をつくり、積極的に情報を共有しましょう。
また、生徒の気持ちを聞く機会のひとつに面談があります。年間行事予定表に設定された個人面談だけでなく、必要に応じていつでも実施することができます。
保護者会や面談で使えるワークシートを作りました。

55

★使用学年：**全**学年　◉時期：**年度初め**　◆時間：**90分**

保護者会・面談
保護者会「こんにちは」シート

ねらい

★保護者と教師、保護者同士がコミュニケーションできる保護者会をつくる。
★本音で語り合える雰囲気をつくる。
★教師が保護者の教育方針に耳を傾ける。

準備

□期日・場所等の設定（出席率を考慮して、土・日の開催も検討する）
□生徒部・進路部等からの情報
□保護者会の案内状（出欠の確認欄、意見や要望を書く通信欄を設ける）

展開

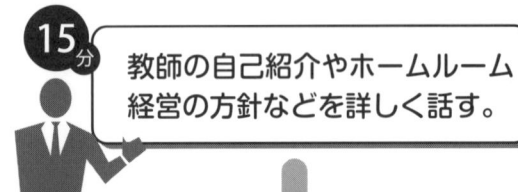

- 15分　教師の自己紹介やホームルーム経営の方針などを詳しく話す。
- 20分　自己紹介＆他己紹介
- 20分　グループ討議その1（4人1組） 
- 20分　グループ討議その2（8人1組） 
- 15分　全体のまとめ

ポイント＆アレンジ

●教師の考えを詳しく話して理解を得ると同時に、保護者の意見を汲み取るようにする。保護者と一緒に学び合う日であることを強調する。
●質疑の時間をとることも重要。

●となり同士でペアを組み、3分ずつ自己紹介する（相手の名前などをシートにメモする）。
●その後、近くのペアで4人組をつくり、お互いのペアについて2分ずつ他己紹介する。

●代表者を決めてもらい、入学後の子どもの生活を見て、悩みや要望等を出し合う。机は4人ずつのブロックにする。後に討議内容を発表してもらうことを伝える。
●教師は巡回して、話が弾むように援助する。

●近くの4人組と合体して8人組をつくり、代表者が先のグループ討議の内容を発表する。それについて、また意見交換する。

●各グループから討議内容を発表してもらい、保護者同士の質疑応答で進めていく。
●教師は発表内容を記録して後日ホームルーム通信に掲載するなど、次回も来ようと思ってもらえるよう工夫する。
●欠席した保護者への資料配付も忘れずに。

アレンジ

行事の様子をビデオ上映する等の工夫も大切。

保護者会「こんにちは」シート

お忙しい中、保護会にご参加いただきありがとうございます。短い時間でも実りのあるひとときにしたいと考えています。流れに沿って、以下のシートにご記入をお願いします。

1　自己紹介

- お名前
- 趣味・特技
- 高校生活に期待していること or 悩み

2　となりの方（パートナー）

- お名前　　　　　　　　　さん
- 趣味・特技
- 高校生活に期待していること or 悩み

3　となりのペア

- お名前　　　　　　　　　さん
- 趣味・特技
- 高校生活に期待していること or 悩み

4　となりのペア

- お名前　　　　　　　　　さん
- 趣味・特技
- 高校生活に期待していること or 悩み

5　私たちのグループの議題（例：お子様が入学してから今日までの悩み、担任への要望）

memo

【　　】さん

【　　】さん

【　　】さん

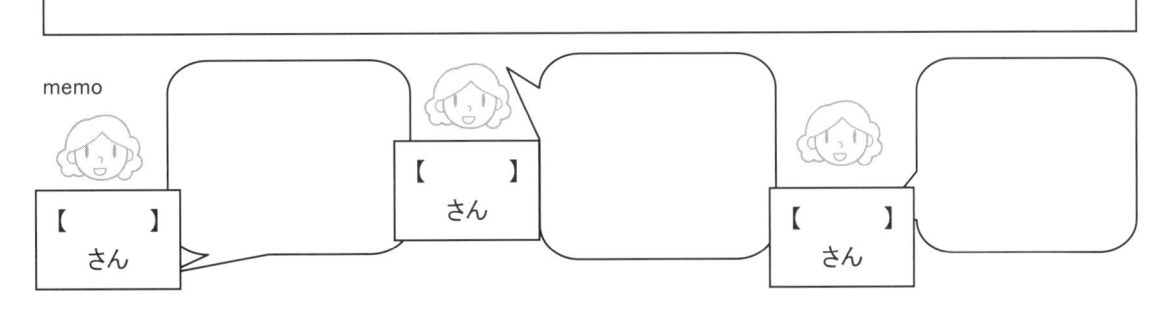

　　　年　　　組　　　番　氏名

56

★ 使用学年：**全学年**　●時期：**1・2・3**学期　◆時間：**20**分

➡リンク㊼

保護者会・面談
面談事前アンケート（保護者用）

ねらい

- ★ 保護者から生徒の日常の様子などを伺い、指導に活かす。
- ★ 保護者に生徒の学校での様子を伝え、家庭教育に活かす。
- ★ 上記の相互作用によって、より効果的な生徒指導を行う。

準備

- □ 面談の通知（出欠の有無と希望の日時を回答してもらう）
- □ 面談に必要な資料（成績資料、進路資料など）
- □ 面談場所の環境整備（必要なら清掃や片付けをしておく）

展開

5分 その日の面談のテーマを確認する。

↓

10分 生徒の学校での様子・家庭での様子について話す。

↓

5分 話のまとめ

ポイント＆アレンジ

● 進路指導なのか、生活指導なのか、それとも学校生活全般なのか、など

● 面談週間などが設定してある学校なら、全般的なことがテーマになると思われる。逆に学期末などは主に成績面などが話題の中心であろう。相応の資料を準備しておく。

● この時、事前に保護者用面談アンケートを配布・回収してあると話が進みやすい。注意すべきは、最初に来校の労をねぎらうなどして保護者が話しやすい雰囲気をつくり、間違っても詰問口調などならないことである。むしろ、保護者の話を傾聴するよう心がける。

● 最後には、何かあったらすぐ連絡してもらうよう連絡先を伝えるなど、生徒を常に見守っている、という状況設定を行う。

アレンジ

三者面談の場合、「わからないことを解決したい」「自分の考えを聞いてほしい」「子どもに自分の代わりに考えを聞いてほしい」などの保護者の意図が考えられる。家庭でどのような話し合いがなされているかを事前に知ることは大切である。最初は「本日お出でいただいた一番のねらいは何ですか？」と尋ねてみよう。

個人面談事前アンケート(前期)

　下記の要領で面談を実施いたします。短い時間でも実りのある面談にしたいと考えていますので、以下のアンケートにご記入の上、お子様を通じて担任へご提出ください。
　ご協力をお願いいたします。

面談テーマ：_学校生活全般_ について
面談日時：　　　月　　　日（　）　　　時より
場所：　　　　　　　にて（※正面玄関を入り…

　　　　　　　　生徒名　　組（　）番　氏名＿＿＿＿＿＿＿＿＿＿＿＿＿
　　　　　　　　当日おいでくださる方は？＿＿＿＿＿＿＿＿＿＿＿＿＿

1 お子様のことについて教えてください。
　①お子様の良いところ（3つ挙げてください）
　　・
　　・
　　・
　②お子様のことで気になっていることはありますか。

　③お子様が「いきいきしている」のは、どんな時ですか。

2 進路について、現時点での希望をお書きください。
　①生徒の希望

　②保護者の希望

3 その他、質問や相談事項がありましたら、遠慮なくお書きください。

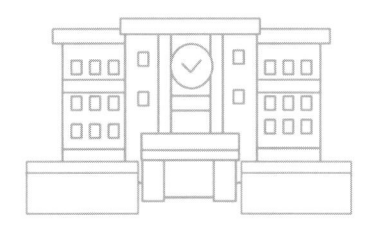

個人面談事前アンケート（後期）

生徒名　　組（　）番　氏名＿＿＿＿＿＿＿＿＿＿＿＿＿＿＿＿

当日おいでくださる方は？＿＿＿＿＿＿＿＿＿＿＿＿＿＿＿＿

1　下記の期間中で、面談の第一希望日に〇を、どうしてもご都合のつかない日に×をつけてください。

　　　（　　）　　　　（　　）　　　　（　　）　　　　（　　）　　　　（　　）
　　10/24（月）　　10/25（火）　　10/26（水）　　10/27（木）　　10/28（金）

2　来年度の履修について、特に相談したい項目に〇をつけてください（いくつでも）。

（　）履修や単位というものがよくわからない。
（　）履修科目の選び方や選ぶ基準がよくわからない。
（　）生徒本人の進路希望が決まっていないので、履修科目を選べない。
（　）生徒本人の希望した履修科目が、本人の希望進路に適しているのかわからない。
（　）生徒本人と保護者の履修・進路についての思いが一致していないので相談したい。

その他（　　　　　　　　　　　　　　　　　　　　　　　　　　　　　　　　　）

3　ご家庭での進路に関する相談の様子についてお聞かせください（いくつでも）。

（　）進路に関する話題は、家族で話題にすることができるし、話題にしてきた。
（　）面談に出席する保護者は進路のことについて本人と相談しているが、家族みんなで話題にするというほどではない。
（　）本人は希望の進路について話すが、保護者の思いとは一致していない。
（　）本人は希望の進路について話すが、保護者の思いを伝えたことはない。
（　）本人は進路のことについて考えてはいるようだが、あまり話してくれない。
（　）本人とは話す機会が減ってきているので、進路のことを考えているかどうか心配だ。

4　その他、用意してほしい資料などがあれば、リクエストをお書きください。

（　　　　　　　　　　　　　　　　　　　　　　　　　　　　　　　　　　　　）

保護者会・面談

コラム

HR通信ワンポイント② (P130のつづき)

②書式とツール
　縦書きか横書きか、手書きかパソコンかは好みの問題であろうが、筆者は手書きで横書きである。手書きは修正がめんどうだが、気持ちがより伝わるかな、と思ってつづけている。
　③工夫
　読み手のことも考え（当然だが）、字だけで埋めないようにイラストなどを入れることを心がける（イラストや題字を生徒から募集しても面白い）。また、語調も画一的にならないように、時には説教調、時には情熱的、べた褒め…と変化をつける。

3　HR通信の内容
　それこそ、内容は千差万別だと思うが、それでも「何を…」という方のためにいくつか挙げる。
　①学校行事に関すること
　体育祭、文化祭、合唱祭、修学旅行、遠足、校外学習、総合学習、HR合宿、球技大会、定期考査、授業公開、などなど、行事までの日程や準備の段取り、進行状況などさまざまな題材がある。場合によっては「あと5日！」のように煽ってみたりすることも。
　②日常生活に関すること
　遅刻や服装、頭髪などの生活指導や授業規律・態度、成績など学習活動全般、係・委員会活動、部活動など。必要に迫られ、注意することが多くなりがちだが、褒めるところは褒めてあげよう。

　③連絡事項
　提出物についてや係・委員会等の会合、定期考査やその他の試験・追試、検定や補習、保護者会などの連絡事項等、事務的な内容。地味だが大切な部分でもある。
　④時事問題
　テレビや新聞などで気になるニュースなどあれば取り上げる。教育問題や家庭生活（ケータイにまつわる問題など）、就労問題や進学についてなどの話題は、身近なため生徒の関心をひく。季節の話題なども一興。新聞から切り抜く場合は、出典と日付を明示すること。
　⑤ネタ募集
　時には生徒や保護者からトピックを募ってみたり、同僚から話題を提供してもらう手もある。ちょっとしたコミュニケーションにもなる。

4　注意事項
　①個人で書いていても、発行は「学校」からなので、校長の許可を得ること。場合によっては学校名や校長名も入れる。
　②個人情報あるいはプライバシー保護の観点から、できるだけ個人の名前は出さない。あるいは、特定できそうな書き方もしない。また、個人攻撃になることのないよう配慮する（呼び水になる可能性も含め）。

　さあ、HR通信を書く気になってきたのでは？　まずは第1号を書いてみよう！
（吉田）

57

★ 使用学年：**1・2**年生　　● 時期：**2**学期　　◆ 時間：**50**分

➡ リンク㊶

保護者会・面談

面談事前アンケート（生徒用）

ねらい

★具体的な材料（時間割・考査日程等）から次年度の履修イメージをつかませる。
★履修指導のための個人面談を進路調べに発展させる。

準備

□今年度の時間割・考査日程（事前ワークシート用）
□上級学校の受験科目を調べることのできる資料やサイトの紹介

展開

5分 ねらいと記入方法を説明する。

↓

30分 今年度の時間割や考査日程を参考に、各自の次年度の時程等をシミュレーションさせる。

↓

5分 各自、シミュレーションで気付いたことを振り返り、記入する。

↓

10分 4人1組になって、①各自の履修のねらい、②想定時間割や想定考査日程から気付いたことを共有し合う。

ポイント＆アレンジ

●履修は進路と関わるものではあるが、盛りだくさんにしすぎたり、先の見通しもなく好きな科目だけを履修することのないよう、ねらいを説明する。

●今年度の時間割や考査日程などを当てはめることで、具体的に来年度の授業等をイメージすることができる。

アレンジ

　進路に関する面談をその後の生徒自身の進路調べのきっかけする。
　面談中に解決すべき課題や解決方法を確認→進路調べの方法を確認→調べた結果を報告する予定も決める→報告はレポートにさせる。

個人面談事前アンケート
～来年度をシミュレーションする！～

1 今年度の時間割を参考に、予定している履修に従って時間割を埋めてみましょう。

曜日	月	火	水	木	金	土
1						
2						
3						
4						
5						
6						

2 今年度の考査時間割を参考に、予定している履修に従って考査時間割を作ってみましょう。

月／日（　）				
1				
2				
3				
4				

3 今の時点であなたが受験科目として考えているのは？

（　　　　　　　　　　　　　　　　　　　　　　　　　　　　　　　）

【振り返り】

1 来年度の想定時間割について気付いたことを書いてください。

2 来年度の想定考査時程について気付いたことを書いてください。

3 予定している来年度の履修科目について考えたことを書いてください。

　　　年　　　組　　　番　氏名

提出日　／　（　）

個人面談事後アンケート

1　あなたが今回の面接で理解したこと、納得したことを書いてください。

```
┌─────────────────────────────────────────────┐
│                                             │
│                                             │
└─────────────────────────────────────────────┘
```

2　今日の面接を受けてあなたは

校内の（　）進路室の教師
　　　（　）先輩　　　　　に
　　　（　）教科の教師

について尋ねます。その報告は…

（書ききれない分は裏面に記入、貼付すること。）

校外の（　）保護者等家族
　　　（　）アルバイト先の先輩　に
　　　（　）教科の教師

について尋ねます。その報告は…

（書ききれない分は裏面に記入、貼付すること。）

（　）インターネット・携帯サイト
（　）進路室・図書館の本
（　）新しく本を購入して　　　　　　　　　　　で
（　）予備校・教育情報提供会社などの外部機関

…について尋ねます。その報告は…

（書ききれない分は裏面に記入、貼付すること。）

保護者会・面談

　　　　年　　　組　　　番　氏名

学年・時期別カレンダー式索引

　ワークシートを120％活用していただくために、学年や時期に見合った活動をピックアップできる「カレンダー式索引」を次のページに収録しました。
　検索の方法は、以下の要領です。

〈例〉
「１年生の４月のLHRで、ホームルームの組織づくりの活動を行いたい」とき
　①実施時期の「４月」の項目で、１年生に○が付いているものを見ます。カテゴリが「HRづくり」のものが時期・内容ともに見合った活動です。
　②右ページの「年間つうじてつかえるもの」や「５～７月」また「２年生」などにも行えるものがあるかもしれないので、チェックすると良いでしょう。

　　※時期・学年ともに一般的な「めやす」ですので、生徒の実態に合わせてお使い下さい。

●学年・時期別カレンダー式 索引
（実施のめやすとなる時期）

実施期間	1年生	2年生	3年生	項目No	タイトル	カテゴリ	ページ	時間	リンク
4月	○	○	○	❶	自己紹介カード	HRづくり	10	50	❽
	○	○	○	❸	ホームルーム目標を決めよう＆振り返ろう	HRづくり	14	50	⓴
	○	○	○	❹	委員・係希望アンケート	HRづくり	16	50	❾
	○			㉟	学校生活マニアッククイズ	生活	88	50	
	○	○	○	㊺	保護者会「こんにちは」シート	保護者会・面談	132	90	
			○	㊾	いまの自分を総合的に分析	進路・キャリア	124	50	㊺-㊿、㊽
5～7月	○			❷	名前でビンゴ！	HRづくり	12	50	
	○	○		❻	ホームルームの実態調査	HRづくり	20	100	
	○			❺	きれいな教室にするための点検シート	HRづくり	18	50	
	○	○	○	㊹	お互いに気持ち良く生活するために	生活	106	50	
	○	○	○	㉗	授業態度チェックシート	学習	70	50	
	○	○	○	㉚	学習時間記録シート	学習	76	15	㉙
	○	○	○	㊷	アルバイトのメリット・デメリット	生活	102	50	
	○	○	○	㊸	未成年はなぜタバコを吸えないの？	生活	104	50	
	○	○	○	㊴	夏休みの生活プラン	生活	96	50	㊵
		○		㊽	オープンキャンパスレポート	進路・キャリア	126	50	㉞、㊼
			○	㉞	受験する学校について調べよう	学習	84	50	㊼、㊽
9～12月	○	○	○	㊵	夏休みを振り返って	生活	98	50	㊴
		○		㉘	不得意科目を克服！	学習	72	50	
	○	○	○	⑭	アルバイトについて語り合おう	コミュニケーション	38	50	
			○	㊼	面談事前アンケート（生徒用）	保護者会・面談	138	50	㊻
1～3月	○			㊼	将来に関するアンケート	進路・キャリア	114	50	㉞、㊽
	○	○		㊿	他人から見た私	進路・キャリア	122	50	
	○	○	○	❽	他己紹介カード	HRづくり	24	50	❶
	○	○	○	❾	委員・係の仕事を内と外から点検しよう	HRづくり	26	50	❹
	○	○	○	❿	クラスの10大ニュース	HRづくり	28	50	⑯、⑰
	○	○	○	⑰	私だけが知っている No.1	コミュニケーション	44	50	❿、⑯

実施期間	1年生	2年生	3年生	項目No	タイトル	カテゴリ	ページ	時間	リンク
年間つうじてつかえるもの	○	○	○	㊱	生活チェックシート	生活	90	50	
	○	○	○	㊲	24時間をどうやって使うか？	生活	92	50	
	○	○	○	㊳	遅刻に関するアンケート	生活	94	50	
	○	○	○	㊶	薬物について調べてみよう	生活	100	50	
	○	○	○	❼	クラスレクの取り組み	HRづくり	22	50	⑱－㉑
	○	○		⑪	宝物あてゲーム	コミュニケーション	32	50	
	○	○	○	⑫	爆笑リレーゲーム	コミュニケーション	34	50	
	○	○	○	⑬	ボランティアを体験してみよう	コミュニケーション	36	50	
	○	○	○	⑯	あなたへメッセージ	コミュニケーション	42	50	⑩、⑰
	○	○	○	⑮	いじめについて考えよう	コミュニケーション	40	50	
	○			⑱	温故知新で企画を盛り上げる！	学校行事	48	50	❼、⑲-㉑
	○	○	○	⑲	ブレインストーミングで話し合い	学校行事	50	50	❼、⑱、⑳、㉑
	○	○	○	⑳	チームでプレゼン準備をしよう	学校行事	52	50	❸、❼、⑱、⑲、㉑
	○	○	○	㉑	文化祭の企画をディベートしよう	学校行事	54	50	❼、⑱-⑳
	○	○	○	㉒	係分担とスケジュールを決めよう	学校行事	58	50	㉓
	○	○	○	㉓	これまでの活動を見直そう	学校行事	60	50	㉒
	○	○	○	㉔	行事に向けての目標と達成度	学校行事	62	30+30	㉕
	○	○	○	㉕	行事を振り返って	学校行事	64	50	㉔、㉖
	○	○	○	㉖	行事を終えてメッセージ交換	学校行事	66	50+50	㉕
		○	○	㉙	1週間の家庭学習を点検してみよう	学習	74	10	㉚
	○	○	○	㉛	定期考査に備えて情報交換	学習	78	50	㉜、㉝
	○	○	○	㉜	定期考査の進度チェック表	学習	80	50	㉛、㉝
	○	○	○	㉝	定期考査の振り返り	学習	82	50	㉛、㉜
	○			㊺	働く目的って何だろう？	進路・キャリア	110	50	
	○			㊻	自分の適性を知ろう	進路・キャリア	112	40	㊴
		○		㊽	自分史を作ろう	進路・キャリア	116	50	㊾、㊿
		○		㊾	10年後の自分に手紙を書こう	進路・キャリア	118	50	㊽、㊿
		○		㊿	My人生すごろくを作ってみよう	進路・キャリア	120	50	㊽、㊾
			○	㊴	社会人に必要な要素を相互チェック！	進路・キャリア	128	50	㊻、㊷
	○	○	○	㊽	面談事前アンケート（保護者用）	保護者会・面談	134	20	㊼

＊このカレンダーはめやすです。生徒の実態に合わせて自由にお使いください。

＊「夏休みの生活プラン」を「冬休み」にするなど、アレンジして使うことも可能です。

【執筆者一覧】 ◎は編著

◎梅澤秀監　　東京都立雪谷高等学校（定時制）
　石川真理代　東京都立戸山高等学校
　小原孝太郎　東京都立園芸高等学校（定時制）
　鈴木公美　　東京都立北園高等学校
　多田早穂子　東京都立晴海総合高等学校
　北條悠子　　東京都立駒場高等学校
　山崎茂雄　　東京都立稔ヶ丘高等学校
　吉田宣浩　　東京都立三鷹高等学校

（所属は執筆当時）

CD-Rでアレンジ自在
ホームルーム活動ワークシート

2010年3月28日　初版第1刷
2019年12月24日　第3版第1刷発行

編　者　　梅澤秀監
発行人　　安部英行
発行所　　学事出版株式会社
　　　　　〒101-0021 東京都千代田区外神田2-2-3
　　　　　電話 03-3255-5471　FAX 0120-665-514
　　　　　http://www.gakuji.co.jp

編集担当　　戸田幸子
編集協力　　徳丸留美子
装丁・デザイン　中村泰宏
印刷・製本　　電算印刷株式会社

落丁・乱丁本はお取り替えします。
ISBN978-4-7619-1738-8　C3037